O OBSTÁCULO
É O CAMINHO

Ryan Holiday

O OBSTÁCULO É O CAMINHO

A arte de transformar provações em triunfo

Tradução de
Talita Rodrigues

Rocco

Título original
THE OBSTACLE IS THE WAY
The Timeless Art of Turning Trials into Triumph

Edição brasileira publicada mediante acordo com Portfolio,
um selo da Penguin Group (EUA) LLC,
uma Penguin Random House Company.

Direitos para a língua portuguesa reservados
com exclusividade para o Brasil à
EDITORA ROCCO LTDA.
Rua Evaristo da Veiga, 65 – 11º andar
Passeio Corporate – Torre 1
20031-040 – Rio de Janeiro – RJ
Tel.: (21) 3525-2000 – Fax: (21) 3525-2001
rocco@rocco.com.br
www.rocco.com.br

Printed in Brazil/Impresso no Brasil

preparação de originais
VILMA HOMERO

CIP-Brasil. Catalogação na Publicação.
Sindicato Nacional dos Editores de Livros, RJ.

H677o Holiday, Ryan
O obstáculo é o caminho: a arte de transformar provações em triunfo / Ryan Holiday; tradução de Talita Rodrigues. – 1ª ed. – Rio de Janeiro: Rocco, 2021.

Tradução de: The obstacle is the way: the timeless art of turning trials into triumph
ISBN 978-65-5532-079-4

1. Motivação (Psicologia). 2. Autorrealização. 3. Conduta. I. Rodrigues, Talita. II. Título.

21-68873 CDD-158.1
CDU-159.923.2

Meri Gleice Rodrigues de Souza – Bibliotecária – CRB-7/6439

O texto deste livro obedece às normas do
Acordo Ortográfico da Língua Portuguesa

Sumário

Prefácio

No ano 170, à noite, em sua tenda nas linhas de frente da guerra na Germânia, Marco Aurélio, imperador do Império Romano, sentou-se para escrever. Ou talvez fosse antes do alvorecer no palácio em Roma. Ou ele roubou alguns segundos para si mesmo durante os jogos, ignorando a carnificina lá embaixo, no chão do Coliseu. O local exato não importa. O importante é que este homem, conhecido hoje como o último dos Cinco Bons Imperadores, sentou-se para escrever.

Não para uma plateia ou para ser publicado, mas para si mesmo. E o que ele escreveu é, sem dúvida alguma, uma das fórmulas mais eficazes da história para superar todas as situações negativas que possamos encontrar na vida. Uma fórmula para prosperar não só a despeito seja lá do que estiver acontecendo, mas *por causa disso.*

Naquele momento, ele escreveu apenas um parágrafo. Somente uma pequena parte dele era original. Quase todos os pensamentos podiam, de uma forma ou de outra, ser encontrados nos textos de seus mentores e ídolos. Mas, em escassas oitenta e cinco palavras, Marco Aurélio definiu e articulou com tanta clareza uma ideia eterna que eclipsou os grandes nomes daqueles que o antecederam:

Crisipo, Zenão, Cleantes, Ariston, Apolônio, Júnio Rústico, Epicteto, Sêneca, Musônio Rufo.

É mais do que o suficiente para nós.

Nossas ações podem ser impedidas... mas não há como impedir nossas intenções ou disposições. Porque podemos conciliar e adaptar. A mente adapta e converte a seus próprios propósitos o obstáculo à nossa atuação.

Então, ele concluiu com palavras vigorosas, destinadas a se tornarem um aforismo.

O que impede a ação favorece a ação.
O que fica no caminho torna-se o caminho.

Nas palavras de Marco Aurélio, este é o segredo de uma arte conhecida como *virar obstáculos de cabeça para baixo.* Agir com "uma cláusula reversa" de modo a haver sempre uma saída ou outra rota para chegar aonde você precisa ir. De modo que revezes ou problemas sejam sempre esperados e jamais permanentes. Deixando claro que o que nos impede pode nos fortalecer.

Vindo deste homem especial, estas não foram palavras vãs. Em seus 19 anos de reinado, ele vivenciaria uma guerra quase constante, uma praga terrível, possíveis infidelidades, repetidas e árduas viagens através do império – da Ásia Menor até a Síria, o Egito, a Grécia e Áustria –, um tesouro rapidamente exaurido, um meio-irmão incompetente e ganancioso como coimperador, e outras coisas mais.

E, pelo que sabemos, ele realmente viu cada um destes obstáculos como oportunidades para praticar alguma virtude: paciência, coragem, humildade, engenhosidade, razão, justiça e criatividade. O poder que tinha jamais parecia subir-lhe à cabeça – nem o estresse ou as obrigações. Ele raramente se excedia ou tinha acessos de raiva, e jamais sentia ódio ou amargura. Como o ensaísta Matthew Arnold observou, em 1863, em Marco Aurélio encontramos um homem que ocupou o mais alto e poderoso posto no mundo – e o veredicto universal das pessoas a sua volta era de que se mostrava merecedor.

Resulta que a sabedoria desse breve trecho de Marco Aurélio pode ser encontrada também em outros autores, homens e mulheres, que a seguiram como ele o fez. De fato, é uma extraordinária constante através dos tempos.

Pode-se traçar o caminho que vem desde aqueles dias, do declínio e queda do Império Romano até o extravasamento criativo do Renascimento e os grandes avanços do Iluminismo. É visto violentamente no espírito pioneiro do Oeste americano, na perseverança da causa da União durante a Guerra Civil e no alvoroço da Revolução Industrial. Apareceu de novo na bravura dos líderes no movimento em prol dos direitos civis e evidenciou-se nos campos de prisioneiros do Vietnã. E, hoje, surge no DNA dos empreendedores do Vale do Silício.

Esta abordagem filosófica é a força motriz de homens que se fizeram por si mesmos e o socorro para aqueles em posições de grande responsabilidade ou de grandes problemas. No campo de batalha ou na sala da diretoria, através de oceanos e dos séculos, membros de todos os grupos, gêneros, classes, causas e negócios tiveram que confrontar obstáculos e lutar para superá-los – aprendendo a virar esses obstáculos de cabeça para baixo.

Esse esforço é a única constante durante a vida inteira. Sabendo ou não, cada indivíduo foi parte de uma antiga tradição, empregando-a para transitar pelo eterno terreno de oportunidades e dificuldades, aflições e triunfos.

Somos herdeiros por direito desta tradição. É nosso direito de nascença. Seja lá o que enfrentemos, temos uma escolha: Ficaremos bloqueados por obstáculos ou passaremos por cima deles?

Podemos não ser imperadores, mas o mundo ainda nos testa constantemente. Ele pergunta: Você merece? Pode passar pelas coisas que inevitavelmente caem em seu caminho? Vai se levantar e nos mostrar do que você é feito?

Muita gente respondeu a esta pergunta na afirmativa. E uma raça ainda mais rara mostrou, não que tem o que é necessário, mas que prospera e se reanima a cada um desses desafios. Que o desafio a torna melhor como se jamais tivesse enfrentado a adversidade.

Agora é a sua vez de ver se você é um deles, se vai fazer parte desse grupo.

Este livro vai lhe mostrar o caminho.

Introdução

Esta coisa a sua frente. Esta questão. Este obstáculo – este problema frustrante, infeliz, incerto, inesperado – impedindo-o de fazer o que quer. Esta coisa que você teme ou secretamente espera que jamais aconteça. E se não fosse assim tão ruim?

E se inseridos nela ou a ela inerentes houvesse certos benefícios – benefícios somente para você? O que você faria? O que acha que a maioria das pessoas faria?

Provavelmente o que sempre fizeram, e o que você está fazendo agora mesmo: nada.

Sejamos honestos: a maioria de nós está paralisada. Sejam quais forem as nossas metas individuais, a maioria de nós senta-se congelada diante dos muitos obstáculos à nossa frente.

Desejaríamos que não fosse verdade, mas é.

O que nos bloqueia está claro. Sistêmico: instituições decadentes, níveis de desemprego crescendo, custos com a educação subindo vertiginosamente, dilaceração tecnológica. Individual: muito baixo, muito velho, com muito medo, pobre demais, muito estressado, sem acesso, sem financiador, sem confiança. Como somos hábeis em catalogar o que nos detém!

Todo obstáculo é único para cada um de nós. Mas as reações que despertam são as mesmas: Medo. Frustração. Confusão. Impotência. Depressão. Raiva.

Você sabe o que quer fazer, mas é como se um inimigo invisível o deixasse encurralado, sufocando-o com almofadas. Você tenta ir a algum lugar, mas algo invariavelmente bloqueia o caminho, seguindo e torcendo cada movimento seu. Você tem liberdade suficiente apenas para sentir que pode se mover; apenas o suficiente para sentir como se fosse culpa sua quando você parece não chegar ao fim ou ganhar fôlego.

Estamos insatisfeitos com nossos empregos, nossos relacionamentos, nosso lugar no mundo. Estamos tentando chegar a algum lugar, mas alguma coisa está no caminho.

Então, não fazemos nada.

Culpamos nossos chefes, a economia, nossos políticos, os outros ou nos anulamos nos vendo como fracassados ou nossas metas como impossíveis. Quando, na verdade, a culpa é de uma coisa apenas: nossa atitude e abordagem.

Tem havido inúmeras lições (e livros) sobre como alcançar o sucesso, mas nada disso jamais nos ensinou como superar o fracasso, como pensar a respeito de obstáculos, como tratar e triunfar sobre eles. Então ficamos parados. Assediados de todos os lados, muitos de nós ficamos desorientados, reativos e arrasados. Não temos ideia do que fazer.

Por outro lado, nem todo mundo está paralisado. Observamos, pasmos, como alguns parecem transformar estes mesmos obstáculos que nos entravam em plataformas de lançamento para si mesmos. Como fazem isso? Qual é o segredo?

Ainda mais desconcertante, gerações anteriores enfrentaram problemas piores com menos redes de segurança e ferramentas. Lidaram com os mesmos obstáculos que temos hoje *mais* aqueles que se esforçaram tanto para eliminar para seus filhos e outros. E, no entanto... continuamos engasgados.

O que estas personagens têm que nós não temos? O que nos falta? É simples: um método e uma estrutura para compreender, apreciar e reagir aos obstáculos que a vida coloca a nossa frente.

John D. Rockefeller tinha isso – para ele, era cabeça fria e autodisciplina. Demóstenes, o grande orador ateniense, tinha – para ele, era energia implacável para se aperfeiçoar agindo e praticando. Abraham Lincoln tinha – para ele era humildade, resignação e compaixão.

Há outros nomes que você verá repetidas vezes neste livro: Ulysses S. Grant. Thomas Edison. Margaret Thatcher. Samuel Zemurray. Amelia Earhart. Erwin Rommel. Dwight D. Eisenhower. Richard Wright. Jack Johnson. Theodore Roosevelt. Steve Jobs. James Stockdale. Laura Ingalls Wilder. Barack Obama.

Alguns desses homens e mulheres enfrentaram horrores inimagináveis, desde prisão até doenças debilitantes, além das frustrações do dia a dia que não são diferentes das nossas. Eles lidaram com as mesmas rivalidades, ventos de proa políticos, dramas, resistência, conservadorismo, rompimentos, estresses e calamidades econômicas. Ou pior.

Sujeitos a essas pressões, esses indivíduos se transformaram. Foram transformados conforme o que Andy Grove, ex-executivo da Intel, resumiu ao descrever o que acontece com os negócios em tempos tumultuosos: "Empresas ruins são destruídas pelas crises. Boas empresas sobrevivem a elas. Grandes empresas se aprimoram com elas."

Como grandes empresas, grandes indivíduos encontram um jeito de transformar fraqueza em força. É uma façanha bastante interessante e até emocionante. Eles pegaram o que devia os estar impedindo – o que de fato talvez seja o seu obstáculo agora mesmo – e usaram para seguir em frente.

No final, é uma coisa que todos os grandes homens e mulheres da história tinham em comum. Como oxigênio para uma fogueira, obstáculos tornavam-se combustível para a chama que era a sua ambição. Nada podia impedi-los, eles eram (e continuam sendo) impossíveis de desencorajar ou conter. Cada impedimento só servia para fazer o inferno dentro deles queimar com mais ferocidade.

Foram pessoas que viraram seus obstáculos de cabeça para baixo. Que viveram as palavras de Marco Aurélio e seguiram o grupo que Cícero chamou de os únicos "verdadeiros filósofos" – os antigos estoicos – ainda que eles jamais os tenham lido.[1] Eram capazes de ver os obstáculos pelo que eram, engenhosos para lidar com eles e dispostos a resistir a um mundo em grande parte além de sua compreensão e controle.

---

1 Acho que o estoicismo é uma filosofia fascinante e importantíssima. Mas também compreendo que você vive num mundo real, agora, e não tem tempo para uma aula de história. O que precisa é de estratégias reais que o ajudem com seus problemas, portanto, é isso que este livro será. Se quiser mais algumas fontes e recomendações de leituras sobre estoicismo, vai encontrá-las na relação no final deste livro.

Sejamos honestos. A maior parte do tempo não nos encontramos em situações horríveis que devemos simplesmente suportar. Melhor dizendo, enfrentamos algumas pequenas desvantagens ou ficamos entalados em algumas condições não tão favoráveis. Ou estamos tentando fazer algo realmente difícil e nos vemos em desvantagem, tensos demais ou sem ideias. Bem, a mesma lógica se aplica. Vire-a ao contrário. Encontre algum benefício. Use-a como combustível.

É simples. Simples, mas, é claro, não é fácil.

Este não é um livro de entusiasmado e vago otimismo. Não é um livro que lhe diz para negar quando a coisa fede ou a dar a outra face quando você foi totalmente humilhado. Nele não haverá palavras solidárias ou provérbios bonitinhos, mas totalmente ineficazes.

Também não é um estudo acadêmico ou história do estoicismo. Existe por aí muita coisa escrita sobre estoicismo, em grande parte pelos maiores e mais sábios pensadores que já existiram. Não é necessário reescrever o que eles escreveram – leia os originais. Nenhum texto filosófico é mais acessível.

Parece que foram escritos no ano passado, não no milênio passado.

Mas fiz o que pude para coletar, compreender e agora publicar suas lições e truques. A filosofia na Antiguidade nunca se preocupou muito com autoria e originalidade – todos os escritores fizeram o melhor para traduzir e explicar a sabedoria dos grandes como foram passadas em livros, diários, poemas e histórias. Tudo isso, refinado no cadinho da experiência humana ao longo de milhares de anos.

Este livro vai compartilhar com você essa sabedoria coletiva, a fim de ajudá-lo a realizar a meta muito específica e cada vez mais urgente e comum a todos nós: superar obstáculos. Obstáculos mentais. Obstáculos físicos. Obstáculos emocionais. Obstáculos percebidos.

Nós os enfrentamos todos os dias e nossa sociedade está coletivamente paralisada por eles. Se tudo o que este livro fizer for tornar mais fácil enfrentar e destruir essas pedras no caminho, já será o bastante. Mas o meu objetivo é maior. Quero lhe mostrar o caminho para transformar cada obstáculo numa *vantagem.*

Portanto, este será um livro de implacável pragmatismo e histórias reais que ilustram as artes da inexorável persistência e da infatigável engenhosidade. Ele lhe ensina a se desatolar, não se deixar prejudicar e se desatrelar. A transformar em positivas as muitas situações negativas que encontramos em nossas vidas – ou pelo menos arrancar delas qualquer benefício possível. Subtrair a sorte do azar.

Não é só: *Como posso pensar* que isto não é tão ruim? Não é como se induzir a ver que isto deve ser bom – uma oportunidade para tomar pé de novo, avançar ou seguir numa direção melhor. Não "ser positivo", mas aprender a ser incessantemente criativo e oportunista.

Não: *Isto não é tão ruim.*

Mas: *Eu posso fazer com que isto seja bom.*

Porque pode ser feito. De fato, foi e *está* sendo feito. Todos os dias. Esse é o poder que vamos revelar neste livro.

Os obstáculos que estão à nossa frente

Existe um antigo conto sobre um rei cujo povo estava se mostrando indolente e arrogante. Insatisfeito com este estado de coisas, ele esperava lhes dar uma lição. Seu plano era simples: colocaria uma pedra bem grande no meio da estrada principal, bloqueando totalmente a entrada para a cidade. Depois se esconderia ali perto e observaria as reações dos súditos.

Como reagiriam? Se juntariam para removê-la? Ou desanimariam, desistiriam e voltariam para casa?

Cada vez mais decepcionado, o rei observou súdito após súdito deparar-se com o obstáculo e voltar atrás. Ou, na melhor das hipóteses, tentar sem muito entusiasmo antes de desistir. Muitos abertamente queixavam-se ou xingavam o rei, a sorte ou lamentavam a inconveniência, mas nenhum conseguiu fazer qualquer coisa a respeito.

Passaram-se muitos dias até que um camponês solitário aproximou-se a caminho da cidade. Ele não virou as costas. Pelo contrário, forçou e forçou, tentando tirar a pedra do lugar. Então, teve uma ideia: procurou num bosque ali perto algo que pudesse usar como alavanca. Finalmente, voltou com um galho grande que havia talhado na forma de um pé de cabra e usou-o para desalojar da estrada a rocha maciça.

Debaixo da pedra havia uma bolsa com moedas de ouro e um bilhete do rei, dizendo:

> *O obstáculo no caminho é o caminho. Jamais esqueça: dentro de cada obstáculo existe uma oportunidade para melhorar a sua condição.*

O que o impede?

O Físico? Tamanho. Raça. Distância. Incapacidade. Dinheiro.

O Mental? Medo. Incerteza. Inexperiência. Preconceito.

Talvez as pessoas não o levem a sério. Ou você se ache velho demais. Ou lhe falte apoio ou recursos suficientes. Talvez leis ou regulamentos restrinjam as suas opções. Ou suas obrigações. Ou falsas metas ou falta de confiança em si mesmo.

Seja o que for, aqui está você. Aqui estamos todos.

E...

Estes são obstáculos. Entendo. Ninguém está negando isso.

Mas passe os olhos na lista daqueles que vieram antes de você. Atletas que eram baixos demais. Pilotos que não enxergavam assim tão bem. Sonhadores à frente do seu tempo. Membros desta ou daquela raça. Gente que abandonou os estudos ou disléxicos. Bastardos, imigrantes, *nouveaux riches*, obstinados, crentes e sonhadores. Aqueles que vieram do nada ou, pior, de lugares onde a sua própria existência era ameaçada diariamente. O que aconteceu com eles?

Bem, uma grande parte desistiu. Mas uns poucos, não. Eles tomaram "duas vezes melhor" como um desafio. Exercitaram-se mais. Procuraram atalhos e pontos fracos. Discerniram aliados entre rostos estranhos. Foram chutados um pouco de um lado para o outro. *Tudo* era um obstáculo que eles tinham que jogar para cima.

E assim?

Dentro desses obstáculos havia uma oportunidade. E eles se apossaram dela. Fizeram algo especial por causa dela. Podemos aprender com eles.

Estejamos tendo dificuldade em conseguir emprego, lutando contra a discriminação, sem dinheiro, presos num relacionamento ruim, brigando com um adversário agressivo, com um funcionário ou aluno a quem parece que não conseguimos alcançar, ou em meio a um bloqueio criativo, precisamos saber que existe um caminho. Baseados nesse exemplo, quando enfrentamos a adversidade, podemos transformá-la em vantagem.

Todas as grandes vitórias, seja na política, nos negócios, nas artes ou na sedução, envolveram a solução de problemas espinhosos com um potente coquetel de criatividade, concentração e ousadia. Quando você tem uma meta, os obstáculos, na verdade, o ensinam a chegar aonde você quer – talhando o seu caminho. "As coisas que magoam", Benjamin Franklin escreveu, "*instruem.*"

Hoje, a maioria dos nossos obstáculos são internos, não externos. Desde a Segunda Guerra Mundial, temos vivido em algumas das mais prósperas épocas da história. Existem menos exércitos para enfrentar, menos doenças fatais e muito mais redes de segurança. Mas ainda é raro o mundo fazer exatamente o que desejamos.

Em vez de inimigos hostis, temos tensões internas. Temos frustração interna. Temos expectativas não satisfeitas. Aprendemos o que é impotência. E ainda temos as mesmas emoções insuportáveis que os humanos sempre tiveram: tristeza, dor, perda.

Muitos dos nossos problemas se originam de termos demais: rápida obsolescência tecnológica, comida sem valor nutritivo, tradições que nos dizem como devemos viver nossas vidas. Somos permissivos e qualificados, mas tememos conflitos. Tempos magníficos são magníficos enfraquecedores da personalidade. Fartura pode ser o seu próprio obstáculo, como muita gente é capaz de comprovar.

A nossa geração, mais do que nunca, precisa de uma abordagem para superar obstáculos e prosperar em meio ao caos. Uma abordagem que ajudará a virar ao contrário os nossos problemas, usando-os como telas nas quais pintar obras-primas. Esta abordagem flexível é adequada para um empreendedor ou um artista, um conquistador ou treinador, seja você um escritor lutando para sobreviver, um erudito ou mãe de um jogador de futebol esforçado.

O caminho através deles

> Julgamento objetivo, agora neste exato momento.
> Atitude altruísta, agora neste exato momento.
> Aceitação espontânea – agora neste exato momento –
> de todos os acontecimentos externos.
> É tudo de que você precisa.
> – MARCO AURÉLIO

Superar obstáculos é uma disciplina composta de três passos críticos.

Ela começa com a forma como olhamos para nossos problemas específicos, nossa atitude ou abordagem; depois, a energia e a criatividade com a qual ativamente os derrubamos e os transformamos em oportunidades; finalmente, o cultivo e a manutenção de uma vontade interior que nos permite lidar com derrotas e dificuldades.

São três disciplinas interdependentes, interconectadas e fluidamente contingentes: *Percepção, Ação* e *Vontade.*

É um processo simples (mas, de novo, jamais fácil).

Traçaremos o uso deste processo por seus praticantes ao longo da história, dos negócios e da literatura. Ao olharmos exemplos específicos de cada passo, de todos os ângulos, aprenderemos a incutir esta atitude e a capturar-lhe a engenhosidade – e com isso descobrir como criar novas janelas onde houver uma porta fechada.

Das histórias dos praticantes, aprenderemos a lidar com obstáculos comuns – estejamos trancados do lado de fora ou confinados, o tipo de obstáculo que sempre impediu as pessoas – e aplicar sua abordagem em nossas vidas. Porque obstáculos não são apenas esperados, mas aceitos.

Aceitos?

Sim, porque estes obstáculos são, na verdade, oportunidades para testar nós mesmos, tentar coisas novas e, em última análise, triunfar.

O obstáculo é o caminho.

PARTE I

PERCEPÇÃO

O QUE É PERCEPÇÃO? É como vemos e compreendemos o que ocorre a nossa volta – e o que decidimos que esses acontecimentos vão significar. Nossas percepções podem ser uma fonte de força ou de grande fraqueza. Se somos emotivos, subjetivos e de visão curta, só acrescentamos aos nossos problemas. Para não sermos dominados pelo mundo a nossa volta, devemos, como faziam os antigos, aprender a limitar nossas paixões e o controle que elas exercem sobre nossas vidas. É preciso habilidade e disciplina para dar uma raquetada na praga das más percepções, distinguir sinais confiáveis dos enganosos, filtrar preconceitos, expectativas e temores. Mas vale a pena, porque o que sobra é *verdade*. Enquanto outros ficam excitados e com medo, nós permanecemos calmos e imperturbáveis. Veremos as coisas com simplicidade e sem rodeios, como elas realmente são – nem boas nem ruins. Esta será uma vantagem incrível para nós na luta contra os obstáculos.

A disciplina da perfeição

Antes de ser um homem do petróleo, John D. Rockefeller foi guarda-livros e aspirante a investidor – um financista nas horas vagas em Cleveland, Ohio. Filho de criminoso alcoólatra que abandonara a família, o jovem Rockefeller assumiu o seu primeiro emprego em 1855, aos 16 anos (dia que ele comemorou como "Dia do Emprego" pelo resto da sua vida). Tudo ia suficientemente bem a cinquenta centavos de dólar por dia.

Aí veio o pânico. Especificamente, o Pânico de 1857, uma enorme crise financeira nacional, que se originou em Ohio e atingiu Cleveland com força. Conforme as empresas faliam e o preço do grão caía vertiginosamente em todo o país, a expansão em direção ao oeste foi logo interrompida. O resultado foi uma frustrante depressão que durou vários anos.

Rockefeller podia ter se amedrontado. Era a maior depressão no mercado da história e ela o atingiu no exato momento em que ele finalmente tomava pulso das coisas. Ele podia ter saído dali e dado no pé como seu pai. Podia ter abandonado as finanças por uma carreira diferente e menos arriscada. Mas, mesmo quando jovem, Rockefeller tinha sangue-frio: inabalável calma sob pressão. Ele não perdia a cabeça enquanto estava perdendo a camisa. Melhor ainda, ele não perdia a cabeça enquanto todo mundo perdia a deles.

E, assim, em vez de lamentar a convulsão econômica, Rockefeller ansiosamente observava os acontecimentos cruciais. Quase com perversidade, ele optou por olhar para tudo isso como uma oportunidade para aprender, uma iniciação no mercado. Tranquilamente, ele guardou seu dinheiro e observou o que os outros faziam de errado. Ele viu os pontos fracos da economia que muitos achavam natural e como isso os deixava a todos despreparados para mudanças ou choques.

Ele assimilou uma lição importante de que nunca mais se esqueceria: o mercado era inerentemente imprevisível e, com frequência, vicioso – só a mente racional e disciplinada podia esperar se aproveitar disso. A especulação levava ao desastre, entendeu ele, e que era necessário sempre ignorar a "multidão tresloucada" e suas tendências.

Rockefeller imediatamente colocou em uso essas intuições. Aos 25 anos, um grupo de investidores se ofereceu para investir aproximadamente 500 mil dólares americanos sob sua orientação se ele pudesse encontrar os poços de petróleo certos nos quais aplicar o dinheiro. Grato pela oportunidade, Rockefeller partiu para visitar os campos de petróleo próximos. Dias depois, ele chocou seus financiadores ao retornar a Cleveland de mãos vazias, sem ter gasto ou investido um dólar do dinheiro. A oportunidade não lhe parecia certa na época, por mais excitado que o resto do mercado estivesse – portanto, ele devolveu o dinheiro e ficou longe das perfurações.

Foi esta intensa autodisciplina e objetividade que permitiu a Rockefeller tirar vantagem de um obstáculo após o outro em sua vida, durante a Guerra Civil e os pânicos de 1873, 1907 e 1929. Como disse certa vez: tendia a ver a oportunidade em todos os desastres. A isso ele podia acrescentar: tinha força para resistir a tentações e excitação, por mais sedutoras que fossem, não importava a situação.

Vinte anos depois daquela primeira crise, Rockefeller controlaria sozinho 90% do mercado de petróleo. Seus competidores gananciosos tinham perecido. Seus colegas nervosos haviam vendido suas ações e deixado o negócio. Os pusilânimes que duvidaram dele haviam perdido o barco.

Pelo resto da vida, quanto maior o caos, mais calmo ficava Rockefeller, principalmente quando os outros a sua volta estavam em pânico ou loucos pela ganância. Ele faria boa parte de sua fortuna durante essas flutuações de mercado – porque era capaz de ver enquanto os outros, não. Esta intuição continua viva hoje no famoso adágio de Warren Buffet: "ser temeroso quando os outros são gananciosos e ganancioso quando os outros são temerosos". Rockefeller, como todos os grandes investidores, era capaz de resistir ao impulso em favor do frio e persistente bom senso.

Admirando o império de Rockefeller, um crítico descreveu o truste da Standard Oil como uma "criatura proteica mítica" capaz de se metamorfosear a cada tentativa dos concorrentes ou do governo de desmontá-la. A intenção era de crítica, mas na verdade mostrava um traço da personalidade de Rockefeller: elástica, adaptável, calma, brilhante. Ele não podia ser desconcertado – não por crises econômicas, não pela cintilante miragem de falsas oportunidades, não por agressivos, intimidantes inimigos, nem mesmo por promotores públicos federais (para quem ele era uma testemunha notoriamente difícil de questionar, jamais mordendo a isca, se defendendo ou se aborrecendo.)

Ele nasceu assim? Não. Foi um comportamento aprendido. E Rockefeller recebeu esta lição de disciplina em algum lugar. Ela começou naquela crise de 1857, no que ele chamou de "a escola da adversidade e do estresse".

"Oh, como são abençoados os jovens que precisam lutar por uma base e um início na vida", ele disse certa vez. "Jamais deixarei de agradecer os três anos e meio de aprendizado e as dificuldades a serem superadas durante todo o caminho."

Claro, muita gente vivenciou as mesmas épocas perigosas que Rockefeller – todos frequentaram a mesma escola de tempos ruins. Mas poucos reagiram como ele. Não foram muitos os que treinaram para ver a oportunidade dentro dos obstáculos, ver que o que lhes acontecera não era azar sem salvação, mas um presente da educação – uma chance para *aprender* com um raro momento da história da economia.

Você vai se deparar com obstáculos na vida – justos e injustos. E vai descobrir, repetidas vezes, que o mais importante não é o que estes obstáculos são, mas como nós os vemos, como reagimos a eles e se mantemos ou não a nossa compostura. Você vai aprender que esta reação determina como teremos sucesso em superá-los – ou possivelmente prosperaremos por causa deles.

Onde uma pessoa vê uma crise, outra pode ver uma oportunidade. Onde um fica ofuscado pelo sucesso, outro vê a realidade com implacável objetividade. Onde um perde o controle das emoções, outro consegue permanecer calmo. Desespero, falta de esperança, medo, impotência – estas reações são funções das nossas percepções. Você precisa entender: nada nos *faz* sentir assim; nós *optamos* por ceder a estes sentimentos. Ou, como Rockefeller, optamos por *não* ceder.

E é exatamente desta divergência – entre como Rockefeller percebia o seu ambiente e como o resto do mundo tipicamente o faz – que teve origem seu sucesso quase incompreensível. Sua autoconfiança cautelosa, atenta, foi uma forma incrível de poder. Perceber o que os outros veem como negativo, como algo a ser abordado racionalmente, com clareza e, o mais importante, como uma oportunidade – não como algo a temer ou lamentar.

Rockefeller é mais do que apenas uma analogia.

Vivemos na nossa própria Era Dourada. Em menos de uma década, vivenciamos duas importantes bolhas econômicas, indústrias inteiras estão ruindo, vidas foram despedaçadas. O que parece injustiça existe em abundância. Quedas financeiras, inquietação civil, adversidade. As pessoas estão com medo e desencorajadas, zangadas e preocupadas, e reunidas em Zuccotti Park ou em comunidades on-line. Como deveriam estar, certo?

Não necessariamente. Aparências externas são ilusórias. O que está dentro delas, por debaixo delas, é o que importa.

Podemos aprender a perceber as coisas de um modo diferente, penetrar nas ilusões que os outros acreditam ou temem. Podemos parar de ver os "problemas" diante de nós como problemas. Podemos aprender a focar no que as coisas realmente são.

Com muita frequência, reagimos emocionalmente, ficamos desanimados e perdemos a perspectiva. Isso só faz transformar coisas ruins em coisas realmente ruins. Percepções inúteis podem invadir nossas mentes – esse lugar sagrado de razão, ação e vontade – e nos deixar desorientados.

Nossas mentes evoluíram para um ambiente muito diverso daquele que habitamos atualmente. O resultado é que carregamos todos os tipos de bagagem biológica. Os humanos ainda estão instruídos para detectar ameaças e perigos que não existem mais – pense no suor frio quando você fica estressado por causa de dinheiro ou na reação de lutar ou fugir quando seu chefe grita com você. Nossa segurança não está realmente correndo perigo aqui – há pouco risco de morrermos de fome ou surgirem atos de violência – embora às vezes seja o que parece.

Temos escolha para reagir a esta situação (ou qualquer outra, por assim dizer). Podemos ser levados às cegas por estes sentimentos primitivos ou compreendê-los e aprender a filtrá-los. Disciplina na percepção deixa você ver com clareza a vantagem e o curso apropriado de ação em todas as situações – sem a pestilência do pânico e do medo.

Rockefeller compreendeu isso bem e livrou-se dos grilhões das percepções ruins, destrutivas. Ele afiou sua habilidade para controlar, canalizar e compreender estes sinais. Era como um superpoder porque a maioria das pessoas não é capaz de acessar esta parte de si mesmas, são escravas de impulsos e instintos que jamais questionaram.

Podemos ver o desastre racionalmente. Ou melhor, como Rockefeller, ver *oportunidade* em cada desastre e transformar a situação negativa em lição, num conjunto de habilidades ou numa fortuna. Visto de forma adequada, tudo o que acontece – seja um crash econômico ou uma tragédia pessoal – é uma chance para avançar. Mesmo que seja numa direção que não prevíamos.

Temos que ter em mente algumas coisas quando estivermos diante de um obstáculo aparentemente insuperável. Devemos tentar:

- Ser objetivos
- Controlar emoções e manter a estabilidade
- Optar por ver o que é bom numa situação
- Acalmar os nervos
- Ignorar o que perturba ou limita os outros
- Colocar as coisas em perspectiva
- Retornar ao momento presente
- Concentrar-se no que pode ser controlado

É assim que você vê a oportunidade num obstáculo. Não acontece por si mesmo. É um processo – um processo que resulta da autodisciplina e da lógica.

E esta lógica está disponível para você. Você só precisa acioná-la.

Reconheça o seu poder

Escolha não ser prejudicado
– e você não se sentirá prejudicado.
Não se sinta prejudicado – e você não será.
– MARCO AURÉLIO

Rubin "Hurricane" Carter, um dos mais famosos concorrentes ao título de peso médio, no auge da sua carreira de boxeador nos meados da década de 1960, foi erroneamente acusado de um crime horrível que não cometeu: um triplo homicídio. Foi julgado e seguiu-se um veredicto tendencioso, falso: três sentenças de prisão perpétua.

Foi uma atordoante queda no auge do sucesso e da fama. Carter se apresentou na prisão vestindo um terno caro, feito sob medida, com um anel de diamante valendo cinco mil dólares no dedo e um relógio de ouro no pulso. E assim, esperando na fila para ser introduzido na população generalizada de presidiários, ele pediu para falar com a pessoa encarregada.

Olhando o diretor do presídio nos olhos, Carter passou a informá-lo e aos guardas que não estava desistindo da única coisa que controlava: ele mesmo. Na sua notável declaração, ele lhes disse, nestas palavras, "Sei que vocês não têm nada a ver com a injustiça que me trouxe para esta prisão, portanto estou disposto a ficar aqui até a hora de sair. Mas não vou, em circunstância alguma, ser tratado como um prisioneiro – porque não sou e jamais serei 'impotente'".

Em vez de se deixar abater – como muitos teriam feito numa situação tão sombria – Carter recusou-se a renunciar às liberdades que eram congenitamente suas: sua atitude, suas crenças, suas escolhas. Quer o jogassem na prisão ou na solitária por semanas a fio, Carter sustentava que ainda tinha escolhas, escolhas que não podiam lhe tirar mesmo que sua liberdade física o tivesse sido.

Ele estava irritado com o que tinha acontecido? Claro. Estava furioso. Mas compreendendo que a raiva não era construtiva, ele se recusou a sentir rancor. Ele se recusou a se abater, se humilhar ou desesperar. Não aceitou usar uniforme, comer a comida da prisão, receber visitas, assistir a audiências para liberdade condicional ou trabalhar no comissariado para reduzir a sentença. E não permitia ser tocado. Ninguém podia colocar a mão nele, a não ser que quisesse briga.

Tudo isso tinha um propósito: cada segundo de sua energia era para ser gasto em seu processo legal. Cada minuto acordado era usado lendo – livros de direito, filosofia, história. Eles não tinham arruinado sua vida – tinham simplesmente o colocado num lugar onde não merecia estar e onde não pretendia ficar. Ele ia aprender, ler e aproveitar ao máximo o tempo que tinha nas mãos. Deixaria a prisão não apenas um homem livre e inocente, mas um homem melhor.

Demorou 19 anos e dois julgamentos para derrubar seu veredicto, mas, ao sair da prisão, Carter simplesmente retomou a vida. Nenhuma ação cível para recuperar os prejuízos. Carter nem mesmo solicitou um pedido de desculpas do tribunal. Porque, para ele, isso só significaria que lhe haviam tirado algo e que ele sentia que lhe deviam. Esse nunca foi seu ponto de vista, mesmo na escuridão profunda de seu confinamento na solitária. Ele havia feito sua escolha: isso não pode me fazer mal. Posso não ter desejado que acontecesse, mas eu decido como irá me afetar. *Ninguém mais tem esse direito.*

Nós decidimos o que vamos fazer de todas as situações. Decidimos se vamos ceder ou resistir. Decidimos se vamos consentir ou rejeitar. Ninguém pode nos forçar a desistir ou acreditar em algo que não é verdade (tal como se uma situação é totalmente irremediável ou impossível de melhorar). Nossas percepções são aquilo sobre o qual temos total controle.

Podem nos jogar na cadeia, rotular, privar-nos de nossas posses, mas jamais controlarão nossos pensamentos, nossas crenças, nossas *reações.*

O que significa que jamais somos totalmente impotentes.

Mesmo na prisão, privados de quase tudo, algumas liberdades permanecem. Sua mente continua sendo sua (com sorte, você terá livros) e você tem tempo – muito tempo. Carter não tinha muito poder, mas compreendeu que isso não era o mesmo que ser *impotente.* Muitos grandes personagens, de Nelson Mandela a Malcolm X, chegaram a compreender esta distinção fundamental. Foi assim que eles transformaram a prisão na oficina onde transformaram a si mesmos e na escola onde começaram a transformar os outros.

Se uma sentença injusta de prisão pode ser não só recuperadora, mas transformadora e benéfica, então, para nossos propósitos, nada que experimentemos é provavelmente sem benefícios em potencial. De fato, se não perdermos a presença de espírito, podemos dar um passo para trás e lembrar que as situações, por elas mesmas, não podem ser boas ou más. Isto é algo – um julgamento – que nós, como seres humanos, as submetemos com nossas percepções.

Para uma pessoa, uma determinada situação pode ser negativa. Para outra, essa mesma situação pode ser positiva.

"Nada é bom ou mau, mas pensar o faz assim", como disse Shakespeare.

Laura Ingalls Wilder, autora da clássica série *Os Pioneiros*, viveu essa ideia, enfrentando alguns dos elementos mais árduos e inóspitos do planeta: solo duro, árido, território indígena, prados do Kansas e regiões remotas e úmidas da Flórida. Sem medo, sem se esfalfar – porque ela via tudo isso como uma aventura. Por toda parte, havia uma chance de fazer algo novo, de perseverar com animado espírito pioneiro no que a sorte destinava a ela e a seu marido.

Isso não quer dizer que ela visse o mundo através de ilusórias lentes cor-de-rosa. Pelo contrário, ela simplesmente escolheu ver cada situação pelo que ela podia ser – acompanhada por muito trabalho e um pouco de otimismo. Outros fizeram a escolha oposta. Quanto a nós, enfrentamos coisas que não são assim tão intimidantes e logo decidimos que estamos ferrados.

É assim que os obstáculos se tornam obstáculos.

Em outras palavras, pela percepção dos acontecimentos, somos cúmplices na criação – assim como na destruição – de cada um de nossos obstáculos.

Não existe bom e mau sem nós, existe apenas percepção. Existe o acontecimento em si e a história que contamos a nós mesmos sobre o que ele significa.

Esse é um pensamento que muda tudo, não é?

Um funcionário na sua empresa comete um descuido que lhe custa o negócio. Pode ser exatamente o que você passou tanto tempo e esforço tentando evitar. *Ou*, com uma mudança de percepção, pode ser exatamente o que você estava esperando – a chance de furar as defesas e dar-lhe uma lição que só pode ser aprendida pela experiência. O *erro* se torna *treinamento*.

Mais uma vez, o evento é o mesmo: alguém fez besteira. Mas a avaliação e o resultado são diferentes. Com uma abordagem, você tirou vantagem; com a outra, você sucumbiu à raiva e ao medo.

Só porque sua mente lhe diz que algo é medonho, ruim, não planejado ou negativo não significa que você tenha que concordar. Só porque outras pessoas dizem que algo não tem solução, é loucura ou está destroçado não significa que seja assim. Nós decidimos que história contar a nós mesmos. Ou se vamos contar.

Bem-vindo ao poder da percepção. Aplicável a todas as situações, impossível de obstruir. Só pode ser *renunciado*.

E essa é a sua decisão.

Acalme seus nervos

O que esse homem precisa não é de coragem,
mas de controle dos nervos, cabeça fria.
E isso ele só consegue com a prática.
– THEODORE ROOSEVELT

Ulysses S. Grant certa vez posou para o famoso fotógrafo da Guerra Civil, Mathew Brady. O estúdio estava escuro demais, então Brady mandou um assistente subir no telhado para descobrir uma claraboia. O assistente escorregou e estilhaçou a vidraça. Horrorizados, os espectadores viram as lascas de vidro de 5cm de comprimento caírem do teto como adagas, espatifando-se ao redor de Grant – cada uma delas bastante letal.

Conforme os últimos pedaços atingiam o solo, Brady olhou em volta e viu que Grant não havia se mexido. Ele não estava ferido. Grant ergueu os olhos para o buraco no telhado e depois de volta para a câmera, como se nada tivesse acontecido.

Durante a Campanha por Terra, Grant supervisionava a cena através de binóculos quando uma bomba inimiga explodiu, matando o cavalo que estava bem ao seu lado. Os olhos de Grant permaneceram fixos no front, sem jamais se afastarem do binóculo. Tem outra história sobre Grant em City Point, quartel-general da União, perto de Richmond. Os soldados descarregavam um barco a vapor que, de repente, explodiu. Todos se jogaram na lama exceto Grant, que foi visto correndo *em direção* à explosão enquanto choviam fragmentos, projéteis e até corpos.

Eis um homem que se manteve calmo como devia. Um homem com uma tarefa a cumprir e que suportaria qualquer coisa para realizá-la. Isso é coragem.

Mas voltemos às nossas vidas...

Somos uma pilha de nervos à flor da pele.

Concorrentes cercam nossa atividade. Problemas inesperados de repente empinam a cabeça. Nosso melhor funcionário de repente se demite. O computador não consegue mais lidar com a carga a que o submetemos. Estamos fora da nossa zona de conforto. O chefe quer que façamos todo o trabalho. Tudo está caindo e se espatifando a nossa volta, exatamente quando sentimos que não aguentamos mais.

Olhamos com desprezo? Ignoramos? Piscamos uma ou duas vezes e redobramos nossa concentração? Ou estremecemos? Tentamos nos livrar desses "maus" sentimentos com remédios?

E isso é exatamente o que acontece sem haver intenção. Não se esqueça, tem sempre gente lá fora procurando pegar você. Querem intimidá-lo. Irritá-lo. Pressioná-lo para tomar uma decisão antes de saber de todos os fatos. Querem que você pense e aja nos termos deles, não nos seus.

Portanto, a questão é: vai deixar que isso aconteça?

Quando miramos alto, a pressão e o estresse pegam carona. Coisas vão acontecer para nos apanhar de surpresa, nos ameaçar e assustar. Surpresas (desagradáveis, na maior parte) são quase garantidas. Há sempre o risco de não darmos conta.

Nestas situações, talento não é a caraterística mais perseguida. Graça e atitude são, porque estes dois atributos precedem a oportunidade de utilizar qualquer outra habilidade. Devemos possuir, como Voltaire certa vez explicou sobre o segredo do grande sucesso militar do primeiro Duque de Marlborough, essa "coragem tranquila em meio ao tumulto e a serenidade de espírito no perigo, que os ingleses chamam de sangue-frio".

Independentemente de ser grande ou não o perigo real a que estamos expostos, o estresse nos coloca no potencial capricho de nossas mais básicas – temerosas – reações instintivas.

Não pense por um segundo que graça, atitude e serenidade sejam atributos delicados de algum aristocrata. Basicamente, calma é uma questão de desafio e controle.

Como: *Eu* me recuso *a reconhecer isso. Não* concordo *em ser intimidado. Eu* resisto *à tentação de declarar isso um fracasso.*

Mas calma também é uma questão de aceitação: *Bem, acho que a responsabilidade é minha. Não posso me dar o luxo de ser abalado por isso ou ficar reprisando em minha cabeça fugas por um triz do perigo. Estou muito ocupado e muita gente está contando comigo.*

Desafio e aceitação reúnem-se bem no seguinte exemplo: existe sempre um movimento contra, sempre uma fuga ou uma saída, portanto, não há motivo para se sentir pressionado. Ninguém disse que seria fácil e, é claro, os riscos são grandes, mas o caminho está ali para aqueles prontos para tomá-lo.

É isso que temos que fazer. E sabemos que vai ser difícil, talvez até assustador.

Mas estamos prontos para isso. Estamos calmos e sérios, e ninguém vai nos afugentar.

Isso significa nos prepararmos para a realidade de nossa situação, acalmar nossos nervos para que possamos dar o melhor de nós mesmos. Revestir-nos de coragem. Livrarnos das coisas ruins conforme elas acontecem e avançar com perseverança – olhando em frente como se nada tivesse acontecido.

Porque, como você agora percebe, é verdade. Se você se mantiver calmo, então nada realmente "aconteceu" – nossa percepção garantiu que não foi nada importante.

Controle suas emoções

Quer ter um grande império?
Governe a si mesmo.
– PUBLIUS SYRUS

Quando os Estados Unidos corriam para enviar o primeiro homem ao espaço, eles treinavam os astronautas numa habilidade mais do que em qualquer outra: a arte de *não* entrar em pânico.

Quando as pessoas entram em pânico, cometem erros. Atropelam sistemas. Menosprezam procedimentos, ignoram regras. Desviam-se do plano. Tornam-se insensíveis e não pensam com clareza. Elas simplesmente reagem – não ao que precisam reagir, mas aos hormônios da sobrevivência que correm em suas veias.

Bem-vindo à fonte da maioria de nossos problemas na Terra. Tudo é planejado nos mínimos detalhes, então algo dá errado e a primeira coisa que fazemos é trocar nosso plano pelo bom e velho descontrole emocional. Alguns de nós quase anseiam por soar o alarme, porque é mais fácil do que lidar com o que está bem na nossa cara.

A 240 quilômetros acima da Terra, numa nave espacial menor do que um Fusca, isso é a morte. Pânico é suicídio.

Portanto, é preciso treinar para eliminar o pânico. E isso não é fácil.

Antes do primeiro lançamento, a NASA recriou o dia fatídico para os astronautas repetidas vezes, passo a passo, centenas de vezes – desde o que comeriam no café da manhã até a ida para o campo de aviação. Lentamente, numa série graduada de "exposições", os astronautas foram apresentados a todas as visões e sons da experiência do seu lançamento no espaço. Fizeram isso tantas vezes que se tornou tão natural e familiar quanto respirar. Eles praticaram do início ao fim, não deixando nada de lado exceto o próprio lançamento, garantindo que cada variável pudesse ser solucionada e que fossem removidas todas as incertezas.

Incerteza e medo são atenuados pela autoridade. Treinamento é autoridade. É uma válvula de escape. Com suficiente exposição, você pode desadaptar esses temores perfeitamente comuns, até inatos, que se originam, em sua maior parte, da falta de familiaridade. Felizmente, a falta de familiaridade é simples de consertar (de novo, não é fácil), o que torna possível aumentar a nossa tolerância ao estresse e à incerteza.

John Glenn, o primeiro astronauta a orbitar a Terra, passou quase um dia no espaço, mantendo o ritmo cardíaco abaixo de cem batidas por minuto. Esse é um homem que não está simplesmente sentado *diante* dos controles, mas *no* controle de suas emoções. Um homem que cultivou adequadamente o que Tom Wolfe mais tarde chamou de "a Coisa Certa".

Mas você... confronte um cliente ou um estranho na rua e seu coração é capaz de explodir no peito; ou você é chamado para se dirigir a uma multidão e seu estômago se contrai.

É hora de entender que isso é um luxo, uma indulgência do nosso eu inferior. No espaço, a diferença entre vida e morte está no controle emocional.

Apertar o botão errado, ler os painéis de instrumentos incorretamente, engatar uma engrenagem cedo demais – impossível se dar o luxo de alguma coisa assim numa missão Apollo bem-sucedida –, as consequências seriam desastrosas.

Por conseguinte, a questão para os astronautas não era o quanto você é hábil como piloto, mas se você é capaz de se manter tranquilo. Você pode combater o impulso de entrar em pânico e concentrar-se apenas no que pode mudar? Na tarefa ao seu alcance?

A vida não é diferente. Obstáculos nos tornam emotivos, mas a única maneira de sobreviver a eles ou superá-los é mantendo o controle dessas emoções – se podemos nos manter equilibrados, não importa o que aconteça, independentemente do quanto os eventos externos possam variar.

Os gregos tinham uma palavra para isso: *apatheia*.

É o tipo de equanimidade calma que surge com a ausência de emoções irracionais ou extremas. Não a perda de todos os sentimentos; apenas do tipo nocivo, prejudicial. Não deixe a negatividade entrar, não deixe que essas emoções nem mesmo comecem a surgir. Diga apenas: *Não, obrigado. Não posso me dar o luxo de entrar em pânico.*

Esta é a habilidade que deve ser cultivada – liberdade de distúrbios e de perturbações – de modo que você possa focalizar sua energia exclusivamente na solução de problemas, em vez de reagir a eles.

Um e-mail urgente do chefe. Um idiota num bar. Um telefonema do banco – seu financiamento foi suspenso. Uma batida na porta – houve um acidente.

Como Gavin de Becker escreve em *As virtudes do medo*, "quando você se preocupa, pergunte a si mesmo: O que estou preferindo não ver agora mesmo? Que coisas importantes você está perdendo porque escolhe a preocupação em vez da introspeção, do estado de alerta ou da sabedoria?".

Outro modo de expressar isso: Ficar preocupado lhe dá mais opções?

Às vezes dá. Mas e *neste* caso?

Não, suponho que não.

Então.

Se uma emoção não pode mudar a condição ou a situação com que você está lidando, provavelmente ela é inútil. Ou, é bem possível, é uma emoção destrutiva.

Mas é o que eu sinto.

Certo, ninguém disse nada a respeito de não sentir. Ninguém disse que você não pode chorar nunca. Esqueça "masculinidade". Se você precisa de uma pausa, por favor, vá em frente. A verdadeira força está no *controle* ou, como Nassim Taleb disse, na *domesticação* das próprias emoções, não na pretensão de que elas não existem.

Portando, vá em frente, sinta. Só não minta para si mesmo, confundindo emocionar-se com um problema e lidar com ele. Porque são coisas tão diferentes quanto dormir e acordar.

Você pode sempre se lembrar: *Eu estou no controle, não as minhas emoções. Eu vejo o que está acontecendo aqui. Não vou ficar nervoso nem preocupado.*

Derrotamos as emoções com a lógica, ou pelo menos essa é a ideia. Lógica são perguntas e afirmativas. Com um número suficiente delas, chegamos às causas raízes (com as quais é mais fácil de lidar).

Perdemos dinheiro.

Mas perdas não fazem parte do negócio?

Sim.

Estas perdas são catastróficas?

Não necessariamente.

Então, isso não é totalmente inesperado, é? Como poderia ser tão ruim? Por que você está agitado com algo que, pelo menos ocasionalmente, supõe-se que aconteça?

Bem... uhh... Eu...

E não só isso, mas você já lidou com situações piores. Você não estaria melhor aplicando alguns desses recursos em vez da raiva?

Tente ter essa conversa consigo mesmo e ver como essas emoções exageradas se mantêm. Elas não vão durar muito, confie.

Afinal de contas, você provavelmente não vai *morrer* por causa de nada disso.

Talvez ajude ficar repetindo sempre que sentir que a ansiedade está surgindo: *Não vou morrer por causa disso. Não vou morrer por causa disso. Não vou morrer por causa disso.*

Ou tente a pergunta de Marco Aurélio:

> *O que aconteceu impede você de agir com justiça, generosidade, autocontrole, bom senso, prudência, honestidade, humildade, franqueza?*

Não.

Então, volte ao trabalho!

No subconsciente, devíamos estar sempre nos fazendo esta pergunta: *Preciso surtar por causa disso?*

E a resposta – como é para astronautas, soldados, médicos e para tantos outros profissionais – deve ser: *Não, porque pratiquei para enfrentar esta situação e posso me controlar.* Ou: *Não, porque me controlei e sou capaz de perceber que isso não acrescenta nada de construtivo.*

Pratique a objetividade

> Não deixe que a força de uma impressão tire o seu equilíbrio quando ela se abater sobre você pela primeira vez; diga apenas: Espere um momento; deixe-me ver quem você é e o que representa. Deixe-me testá-la.
>
> – EPICTETO

A frase "Isso aconteceu e é ruim" na verdade são duas impressões. A primeira – "Isso aconteceu" – é objetiva. A segunda – "é ruim" – é subjetiva.

O espadachim samurai do século XVI, Miyamoto Musashi, venceu inúmeras lutas contra temidos adversários, até múltiplos adversários, nas quais estava sem a espada. Em *O livro dos cinco anéis*, ele nota a diferença entre observar e perceber. O olho que percebe é fraco, ele escreveu; o que observa é forte.

Musashi compreendeu que o olho observador é o que vê simplesmente o que está ali. O olho que percebe vê mais do que está ali.

O olho que observa vê eventos, sem distrações, exageros e erros de percepção. O olho que percebe vê "obstáculos insuperáveis" ou "grandes contratempos" ou até apenas "problemas". Isso traz seus próprios problemas ao combate. O primeiro é útil, o outro não é.

Parafraseando Nietzsche, ser às vezes superficial – tomando as coisas apenas à primeira vista – é a abordagem mais profunda.

Nas nossas próprias vidas, quantos problemas parecem surgir por aplicarmos julgamentos a coisas que não controlamos, como se houvesse um modo como elas *deveriam* ser? Quantas vezes vemos o que pensamos estar ali ou deveria estar, em vez do que realmente está ali?

Equilibrando-nos e controlando nossas emoções, podemos ver as coisas como realmente são. Podemos fazer isso usando o nosso olho observador.

Percepções são o problema. Elas nos dão a "informação" de que não precisamos, exatamente no momento em que seria bem melhor focar no que está logo a nossa frente: o golpe de uma espada, uma negociação crucial, uma oportunidade, uma revelação fulminante ou qualquer outra coisa.

Tudo sobre nossos cérebros animalistas tenta comprimir o espaço entre impressão e percepção. Pensar, perceber, agir – com milésimos de segundo entre eles.

O cérebro de um cervo lhe diz para correr porque as coisas estão ruins. Ele corre. Às vezes, direto para o trânsito.

Podemos questionar esse impulso. Podemos discordar dele. Podemos ignorar o interruptor, examinar a ameaça antes de agir.

Mas para isso é preciso força. É um músculo que precisa ser desenvolvido. E músculos são desenvolvidos por tensão, erguendo e sustentando.

É por isso que Musashi e a maioria dos praticantes de artes marciais concentram-se no treinamento mental tanto quanto no treinamento físico. Ambos são igualmente importantes – e exigem exercício e prática igualmente vigorosos.

Nos escritos dos estoicos, vemos um exercício que poderia muito bem ser descrito como Expressões Desdenhosas. Os estoicos usam o desdém como agente para desnudar as coisas e "*despir a lenda que as reveste*".

Epicteto dizia a seus alunos, quando iam citar algum grande pensador, para se imaginarem observando a pessoa fazendo sexo. É engraçado, você devia tentar isso na próxima vez que alguém o intimidar ou fizer você se sentir inseguro. Veja-os mentalmente, desajeitados, grunhindo e gemendo em suas vidas privadas – exatamente como o resto de nós.

Marco Aurélio tinha uma versão deste exercício na qual ele descreveria coisas caras e glamourosas sem seus eufemismos – carne assada é um animal morto e vinho de safra são uvas velhas, fermentadas. O objetivo era ver estas coisas como elas realmente são, sem nenhum ornamento.

Podemos fazer isso com qualquer pessoa ou coisa que fique no nosso caminho. Essa promoção que significa tanto, o que é realmente? Nossos críticos e negativistas, que nos fazem sentir pequenos, vamos colocá-los nos seus devidos lugares. É muito melhor ver as coisas como são na verdade, não como as imaginamos.

Objetividade significa remover "você" – a parte subjetiva – da equação. Pense: O que acontece quando damos conselhos aos outros? Os problemas deles são cristalinos para nós, as soluções são óbvias. Algo que está presente quando lidamos com nossos próprios obstáculos está sempre faltando quando ouvimos os problemas dos outros: a bagagem. Com os outros, podemos ser objetivos.

Aceitamos a situação sem questionar e imediatamente nos dispomos a ajudar nosso amigo a solucioná-la. Egoística – e estupidamente – guardamos a piedade, a ideia de perseguição e as queixas para nossas próprias vidas.

Veja sua situação e finja que não está acontecendo com você. Finja que não é importante, que não tem importância. Não seria mais fácil para você saber o que fazer? Como seria bem mais rápido e desapaixonado para você avaliar o cenário e suas opções? Você poderia anulá-lo, recebê-lo com calma.

Pense em todos os modos como alguém poderia solucionar um problema específico. Não, pense *realmente*. Dê a si mesmo clareza, não compaixão – vai ter bastante tempo para isso mais tarde. É um exercício, o que significa que vão ser necessárias repetições. Quanto mais você tentar, mais aprende. Quanto mais perito você se tornar em ver as coisas pelo que são realmente, mais a percepção vai funcionar a seu favor, em vez de contra você.

Altere a sua perspectiva

O homem não existe simplesmente, mas sempre
decide como será sua existência, o que ele será no
próximo momento. Da mesma forma, todo ser humano
é livre para mudar a qualquer instante.
– VIKTOR FRANKL

Certa vez, quando Péricles, o general ateniense, zarpou numa missão naval na Guerra do Peloponeso, o sol entrou em eclipse e sua frota de 150 navios foi lançada na escuridão.

Surpreendido por este evento inesperado e confuso, seus homens entraram em pânico. Ao contrário da tripulação, Péricles se manteve impávido. Caminhou até o timoneiro chefe, retirou a capa que estava vestindo e a enrolou no rosto do homem. E lhe perguntou se estava assustado com o que via.

Não, claro que não.

Então, que importância tem, Péricles respondeu, quando a causa da escuridão é diferente?

Os gregos eram espertos. Mas sob este gracejo está a noção fundamental que cerca não só a filosofia estoica mas a psicologia cognitiva: *perspectiva é tudo.*

Ou seja, quando você pode analisar alguma coisa, ou olhar para ela de um ângulo novo, ela perde o poder sobre você.

O medo é debilitante, distrai, cansa e, com frequência, é irracional. Péricles compreendeu isso muito bem e foi capaz de usar o poder da perspectiva para derrotá-lo.

Os gregos compreenderam que frequentemente escolhemos a explicação agourenta em vez da simples, em nosso detrimento. Que temos medo de obstáculos porque nossa perspectiva está errada – que uma simples mudança de perspectiva pode mudar totalmente a nossa reação. A tarefa, segundo mostrou Péricles, não é ignorar o medo, mas afastá-lo com explicações. Pegue aquilo de que você tem medo – quando ele o atacar – e o analise.

Lembre-se: nós escolhemos como vamos ver as coisas. Mantemos a capacidade de injetar perspectiva a uma situação. Não podemos mudar os obstáculos em si – esta parte da equação está definida – mas o poder da perspectiva pode mudar a aparência desses obstáculos. Como abordamos, vemos e contextualizamos um obstáculo, e o que dizemos a nós mesmos o que ele significa, determina o quanto será atemorizante e penoso superá-lo.

É você quem escolhe se quer colocar um *Eu* na frente de alguma coisa (*Eu detesto falar em público. Eu estraguei tudo. Eu me prejudiquei com isso*). Isso acrescenta um elemento extra: *você* em relação a esse obstáculo, em vez de apenas o obstáculo em si. Com a perspectiva errada, nos sentimos consumidos e arrasados por algo que, na verdade, é muito pequeno. Então, por que nos sujeitarmos a isso?

A perspectiva certa tem uma estranha maneira de reduzir obstáculos – e adversidades – às devidas proporções.

Mas, seja lá por que razão, tendemos a olhar as coisas isoladamente. Nós nos culpamos por mandar aos ares um acordo ou ter que perder uma reunião. Individualmente, isso é desagradável – só perdemos 100% dessa oportunidade.

O que estamos esquecendo nesse caso, como o bilionário empreendedor Richard Branson gosta de dizer, é que "oportunidades nos negócios são como ônibus; tem sempre outro surgindo". Uma reunião não é nada numa vida inteira de reuniões, um acordo é apenas um acordo. De fato, podemos ter nos esquivado de uma bala. A próxima oportunidade talvez seja melhor.

O modo como olhamos o mundo muda como vemos essas coisas. Nossa perspectiva está realmente nos dando *perspectiva* ou é o que na verdade está causando o problema? Essa é a questão.

O que podemos fazer é limitar e expandir nossa perspectiva para o que nos manterá mais calmos e mais dispostos para a tarefa diante de nós. Pense nisso como edição seletiva – não para enganar os outros, mas para nos orientar adequadamente.

Funciona. Pequenos beliscões podem mudar o que antes pareciam tarefas impossíveis. De repente, onde nos sentíamos fracos, percebemos que somos fortes. Com perspectiva, descobrimos influências que não sabíamos ter.

Perspectiva tem duas definições.

1. Contexto: uma noção de um quadro maior do mundo, não apenas do que está imediatamente a nossa frente
2. Enquadramento: o modo único de o indivíduo ver o mundo, um modo que interpreta os eventos

Ambas são importantes, ambas podem ser eficientemente aplicadas para mudar uma situação que antes parecia intimidante ou impossível.

George Clooney passou seus primeiros anos em Hollywood sendo rejeitado nas audições. Queria que os produtores e diretores gostassem dele, mas não gostavam e isso magoava, e ele culpava o sistema por não verem como era bom.

Esta perspectiva deveria soar familiar. É o ponto de vista dominante para o resto de nós em entrevistas de emprego, quando procuramos convencer clientes ou tentamos entrar em contato com um estranho atraente num café. Inconscientemente, submetemo-nos ao que Seth Godin, autor e empreendedor, refere-se como a "tirania de ser escolhido".

Tudo mudou para George Clooney quando ele tentou uma nova perspectiva. Ele se deu conta de que a escolha de um elenco também é um obstáculo para os produtores – eles *precisam* encontrar alguém e estão todos esperando que o próximo a entrar na sala seja a pessoa *certa.* Audições eram uma chance de solucionar o problema deles, não o de George.

Pela nova perspectiva de Clooney, ele era essa solução. Não ia ser alguém rastejando por uma oportunidade no cinema. Ele era alguém com algo especial a oferecer. Era a resposta às orações deles, e não o contrário. Foi isso que ele começou a projetar em suas audições – não exclusivamente que possuía habilidades como ator, mas que era o homem para a tarefa. Que ele compreendia o que o diretor de elenco e os produtores estavam procurando para um papel específico e que ele faria isso em todas as situações, na pré-produção, diante da câmera e durante a promoção.

A diferença entre a perspectiva certa e a errada é tudo.

Como interpretamos os acontecimentos em nossas vidas, a nossa perspectiva, é a estrutura para nossa próxima reação – se haverá uma ou se vamos simplesmente aceitá-los.

Onde vai a cabeça, o corpo acompanha. A percepção precede a ação. A ação correta segue a perspectiva correta.

É responsabilidade sua?

Na vida, nossa primeira tarefa é esta, dividir e distinguir
as coisas em duas categorias: as externas eu não posso controlar,
mas as escolhas que faço com relação a elas eu posso.
Onde vou encontrar bom e mau? Em mim, em minhas escolhas.
– EPICTETO

Tommy John, um dos mais entendidos e estáveis lançadores de beisebol, jogou vinte e seis temporadas nas principais ligas de profissionais. *Vinte e seis* temporadas! Em seu ano como principiante, Kennedy era presidente. No último ano, era George H. W. Bush. Ele lançava para Mickey Mantle *e* Mark McGwire.

É um feito quase sobre-humano. Mas ele foi capaz disso porque tornou-se perito em repetir uma pergunta a si mesmo e aos outros, de várias formas: *Existe uma chance? Tenho possibilidade? Tem alguma coisa que eu possa fazer?*

Tudo o que ele sempre quis foi um sim, não importava o quanto fosse pequena, hesitante ou provisória essa chance. Se houvesse uma, ele estava pronto para agarrá-la e fazer dela bom uso – pronto para dar cada grama de esforço e energia que tivesse para fazer que acontecesse. Se esse esforço afetaria o resultado, ele morreria em campo antes de desperdiçar uma chance.

A primeira vez foi nos meados da temporada de 1974, quando Tommy John arrebentou o braço, danificando para sempre o ligamento cubital colateral de seu cotovelo de lançamento. Até aquele momento, no beisebol e na medicina do esporte, quando um lançador estourava o braço, estava acabado. Chamavam isso de lesão do "braço morto". Jogo acabado.

John não ia aceitar isso. Havia *alguma coisa* que lhe desse uma possibilidade de voltar a jogar? Acontece que havia. Os médicos sugeriram uma cirurgia experimental, na qual tentariam substituir o ligamento do cotovelo de lançamento por um tendão do outro braço. *Quais as chances de eu voltar a jogar depois da cirurgia?* Uma em cem. E sem ela? *Nenhuma,* disseram.

Ele poderia ter se aposentado. Mas havia uma chance em cem. Com sessões de reabilitação e treinamento, a oportunidade estava *parcialmente* sob seu controle. Ele aproveitou. E venceu mais 164 partidas nas treze temporadas seguintes. Esse procedimento é agora conhecido como cirurgia de Tommy John.

Menos de dez anos mais tarde, John concentrou o mesmo espírito e esforço que reunira para a cirurgia do cotovelo quando seu filho sofreu uma queda horrível de uma janela do terceiro andar, engoliu a língua e quase morreu. Mesmo no caos da sala de emergência, com os médicos convencidos de que era provável que o menino não sobrevivesse, John lembrou à sua família que, demorasse um ano ou dez, eles não desistiriam até não haver absolutamente mais nada que pudessem fazer.

Seu filho recuperou-se totalmente.

Para John, sua carreira no beisebol parecia ter finalmente chegado ao fim em 1988, quando, aos 45 anos, foi eliminado pelos Yankees no final da temporada. Mas ele não aceitaria isso. Chamou o treinador e exigiu: se aparecesse no treinamento como reserva na próxima primavera, daria uma boa impressão? A resposta foi que ele não deveria jogar beisebol na sua idade. Ele repetiu a pergunta: *Seja honesto comigo, se eu aparecer por lá, vou ter uma chance?* As autoridades do beisebol responderam: *Tudo bem, sim, terá uma chance.*

Assim, Tommy John foi o primeiro a se apresentar em campo. Treinou muitas horas por dia, aplicou todas as lições que aprendera no esporte durante um quarto de século e promoveu o time – como o jogador mais velho em jogo. Ele iniciou a primeira partida da temporada – e venceu, cedendo só dois pontos a sete em Minnesota.

O que Tommy John podia mudar – quando tinha chance – recebia 100% do esforço que fosse capaz de concentrar. Ele costumava dizer aos treinadores que morreria em campo antes de renunciar. Ele compreendia que, como atleta profissional, sua tarefa era analisar a diferença entre o improvável e o impossível. Ver esta minúscula diferença era o que o fazia ser quem era.

Utilizando o mesmo poder, viciados em recuperação aprendem a Prece da Serenidade.

Deus, conceda-me serenidade para aceitar as coisas que não posso mudar
Coragem para mudar as coisas que posso,
E sabedoria para saber a diferença.

É assim que eles focam seus esforços. É muito mais fácil combater o vício quando você não está combatendo também o fato de ter nascido, de seus pais serem monstros ou de que você perdeu tudo. Isso está feito. Encerrado. Zero em cem chances de que você possa mudar.

Então, e se você se concentrar no que *pode* mudar? É aí que você pode fazer diferença.

Por trás da Prece da Serenidade está uma frase estoica de 2 mil anos: *ta eph'hemin, ta ouk eph'hemin.*" O que compete a nós, o que não compete a nós.

E o que compete a nós?

Nossas emoções
Nossos julgamentos
Nossa criatividade
Nossa atitude
Nossa perspectiva
Nossos desejos
Nossas decisões
Nossa determinação

Este é o nosso campo de esportes, por assim dizer. Tudo ali é jogo limpo.

O que não nos compete?

Bem, você sabe, tudo o mais. O tempo, a economia, as circunstâncias, as emoções e julgamentos alheios, tendências, desastres etc.

Se o que nos compete é o campo de jogo, então o que não nos compete são as regras e as condições do jogo. Fatores que atletas vencedores aproveitam ao máximo e não perdem tempo discutindo (porque não faz sentido).

Discutir, queixar-se ou, pior, simplesmente desistir, são escolhas. Escolhas que, frequentemente, de *nada* servem para nos levar à reta final.

Tratando-se de percepção, esta é a distinção crucial a fazer: a distinção entre as coisas que estão em nosso poder e as que não estão. Essa é a diferença entre as pessoas que podem realizar grandes coisas e as que acham impossível se manter sóbrias – evitar não só drogas e álcool, mas *todos* os vícios.

À sua própria maneira, o dragão mais nocivo que caçamos é o que nos faz pensar que podemos mudar coisas que simplesmente não são nossas para mudar. Que alguém decidiu não financiar a sua empresa, isso não compete a você. Mas a decisão de aprimorar seu lance? Isso, sim. Que alguém roubou sua ideia e chegou lá primeiro? Não. Dar a volta por cima, aprimorar ou lutar pelo que é seu? Sim.

Focar exclusivamente no que está em nosso poder engrandece e realça o nosso poder. Mas cada grama de energia direcionada a coisas que não podemos influenciar é desperdício – autoindulgente e autodestrutivo. Muito poder – nosso e de outras pessoas – é desperdiçado desta maneira.

Ver um obstáculo como um desafio, aproveitar dele ao máximo, também é uma escolha – uma escolha que *compete a nós.*

Terei uma chance, treinador?

Ta eph'hemin?

Isso compete a mim?

Viva no momento presente

O truque para esquecer o quadro geral
é olhar tudo bem de perto.
– CHUCK PALAHNIUK

Faça a si mesmo um favor e passe os olhos pela lista de negócios inaugurados durante épocas de depressão ou crises econômicas.

Revista *Fortune* (noventa dias depois do crack de 1929)
FedEx (crise do petróleo de 1973)
UPS (pânico de 1907)
Walt Disney Company (depois de onze meses operando sem acidentes, o décimo segundo foi o crack de 1929).
Hewlett-Packard (Grande Depressão, 1935)
Charles Schwab (crack do mercado de 1974-75)
Standard Oil (Rockefeller comprou a parte dos seus sócios no que se tornou Standard Oil e assumiu a empresa em fevereiro de 1865, o último ano da Guerra Civil)
Coors (Depressão de 1873)
Costco (recessão no final da década de 1970)
Revlon (Grande Depressão, 1932)
General Motors (pânico de 1907)

Proctor & Gamble (pânico de 1837)
United Airlines (1929)
Microsoft (recessão em 1973-75)
LinkedIn (2002, pós-bolha.com)

Na maior parte, estas empresas não tinham muita consciência de estarem numa depressão historicamente importante. Por quê? Porque os fundadores estavam ocupados demais existindo no presente – na verdade, lidando com a situação prestes a acontecer. Eles não sabiam se ela ia melhorar ou piorar, só sabiam o que *era*. Tinham o trabalho que queriam fazer, uma grande ideia na qual acreditavam ou um produto que pensavam que poderiam vender. Sabiam que tinham uma folha de pagamento a atender.

Contudo, nas nossas próprias vidas, não nos contentamos em lidar com as coisas conforme elas acontecem. Temos que mergulhar infinitamente no que tudo "significa", se algo é "justo" ou não, o que está "por trás" disso ou daquilo e o que os outros estão fazendo. Então nos perguntamos por que não temos energia para lidar com nossos problemas. Ou ficamos tão cansados e intimidados por pensar demais que, se tivéssemos simplesmente começado a trabalhar, provavelmente já teríamos terminado.

Nossa compreensão do mundo dos negócios está toda misturada com histórias e mitologia. O que é engraçado porque estamos perdendo a história real ao focar em indivíduos. De fato, metade das empresas na Fortune 500 foram fundadas durante uma época de especulações ou recessão. *Metade.*

A questão é que a *maioria das pessoas* começa em desvantagem (com frequência sem ter ideia de que estão fazendo isso) e se sai muito bem. Não é injusto, é universal. Quem sobrevive, sobrevive porque assume as coisas dia a dia – esse é o verdadeiro segredo.

Concentre-se no momento, não nos monstros que podem, ou não, vir pela frente.

Uma empresa precisa assumir as restrições operacionais do mundo ao redor como uma dádiva e trabalhar pelos ganhos que forem possíveis. As pessoas com espírito empresarial são como animais, abençoados por não terem tempo nem habilidade para pensar sobre como as coisas deveriam ser ou como eles prefeririam que fossem.

Para todas as espécies, exceto nós, humanos, as coisas são simplesmente o que são. Nosso problema é que estamos sempre tentando imaginar o que elas *significam* – por que as coisas são como são. Como se os *porquês* tivessem importância. Emerson expressa isso melhor: "Não podemos passar o dia em explicações". Não perca tempo com falsas considerações.

Não importa se esta é a pior época para se viver ou a melhor, se você está num bom mercado de trabalho ou num ruim, ou que o obstáculo que você enfrenta é intimidante ou difícil de suportar. O que importa é que o agora é agora.

As implicações do nosso obstáculo são teóricas – elas existem no passado e no futuro. Vivemos *no momento.* E, quanto mais aceitarmos isso, mas fácil será enfrentar e mover o obstáculo.

Você pode pegar o problema com que está lidando e usá-lo como oportunidade para concentrar-se no momento presente. Ignorar a totalidade de sua situação e aprender a se contentar com o que acontece, conforme acontece. Não ter nenhum "jeito" que o futuro precise ser para confirmar suas previsões, porque você não fez nenhuma. Deixar que cada novo momento seja uma refrescante limpeza do que veio antes e do que os outros estavam esperando que viesse em seguida.

Você vai encontrar o método que funcione melhor para você, mas há muitas coisas que podem puxá-lo para o momento presente: praticar um exercício extenuante. Desconectar. Caminhar no parque. Meditar. Arrumar um cachorro – eles são uma lembrança constante de como o presente é agradável.

Uma coisa é certa. Não é só uma questão de dizer: *Ah, vou viver no presente.* Você tem que *trabalhar* nisso. Agarre sua mente quando ela divagar – não a deixe afastar-se de você. Descarte pensamentos perturbadores. Deixe as coisas em paz – por mais que sinta vontade de fazer o contrário.

Mas é mais fácil quando a escolha de limitar o seu objetivo pareça ser editar em vez de agir. Lembre-se de que este momento não é a sua vida, é apenas um momento *na* sua vida. Concentre-se no que está a sua frente, agora. Ignore o que isso "representa", "significa" ou "por que aconteceu com você".

Há coisas suficientes acontecendo aqui mesmo para se preocupar com qualquer uma dessas.

Pense diferente

Talento é a habilidade para colocar
em prática o que está na sua mente.
Não há outra definição para isso.
– F. SCOTT FITZGERALD

Steve Jobs ficou famoso pelo que os observadores chamaram de seu "campo de distorção da realidade". Em parte tática motivacional, em parte puro impulso e ambição, este campo o fez notoriamente uma pessoa que rejeitava frases como "Não pode ser feito" ou "Precisamos de mais tempo".

Tendo aprendido cedo na vida que a realidade era falsamente limitada por regras e concessões ensinadas às crianças desde pequenas, Jobs tinha uma ideia muito mais agressiva do que era ou não possível. Para ele, quando você levava em conta visão e ética do trabalho, boa parte da vida era maleável.

Por exemplo, nos estágios de desenho de um novo mouse para um futuro produto da Apple, Jobs tinha grandes expectativas. Ele queria que o mouse se movesse fluidamente em qualquer direção – um avanço para qualquer mouse naquela época –, mas um engenheiro chefe ouviu de um de seus projetistas que isso seria comercialmente impossível. O que Jobs queria não era realista e não funcionaria. No dia seguinte, o engenheiro chefe chegou ao trabalho e viu que Jobs havia despedido o funcionário que dissera isso. Quando o substituto chegou, suas primeiras palavras foram: "Eu posso construir o mouse."

Esta era a visão de realidade de Jobs no trabalho. Maleável, irredutível, autoconfiante. Não no sentido delirante, mas com o propósito de realizar alguma coisa. Ele sabia que mirar baixo significava aceitar realizações medíocres. Mas altas aspirações poderiam, se as coisas dessem certo, criar algo extraordinário. Ele era Napoleão gritando para seus soldados: "Não haverá Alpes!"

Para a maioria de nós, essa confiança não é fácil. É compreensível. Tantas pessoas em nossas vidas pregaram a necessidade de ser realista ou conservador, ou, pior – não sacudir o barco. Esta é uma enorme desvantagem quando se trata de tentar grandes coisas. Porque embora nossas dúvidas (e inseguranças) pareçam reais, elas têm muito pouca relação com o que é ou não é possível.

Nossas percepções determinam, num grau incrivelmente alto, do que somos ou não capazes. De muitas maneiras, elas determinam a própria realidade. Quando acreditamos mais no obstáculo do que na meta, qual deles inevitavelmente triunfará?

Pense, por exemplo, nos artistas. É sua visão e voz únicas que fazem avançar a definição de "arte". O que foi possível para um artista antes de Caravaggio e depois que ele nos assombrou com suas obras-primas sombrias foram duas coisas muito diferentes. Conecte qualquer outro pensador, escritor ou pintor em sua própria época, e o mesmo se aplica.

É por isso que não devemos ouvir muito de perto o que as outras pessoas falam (ou o que a voz em nossas cabeças diz também). Vamos nos ver errando, com o risco de não realizar nada.

Seja franco. Questione.

Embora, é claro, não *controlemos* a realidade, nossas percepções a influenciam.

Uma semana antes que o primeiro computador Macintosh devia ser despachado, os engenheiros disseram a Jobs que não poderiam cumprir o prazo. Numa videoconferência reunida às pressas, os engenheiros explicaram que precisavam só de duas semanas a mais para terminar o trabalho. Jobs respondeu calmamente, explicando aos engenheiros que, se eles podiam fazer isso em duas semanas, certamente podiam fazer em uma – não havia nenhuma diferença real num período de tempo tão curto. E, o mais importante, visto terem chegado tão longe e trabalhado tanto e tão bem, não havia como *não* despacharem no dia 16 de janeiro, a data original. Os engenheiros reorganizaram-se e cumpriram o prazo. A insistência de Jobs os empurrou, mais uma vez, para além do que jamais pensaram ser possível.

Agora, como você e eu costumamos lidar com um prazo impossível, determinado por alguém acima de nós? Nós nos queixamos. Ficamos zangados. Questionamos. *Como podem fazer isso? Qual o objetivo? Quem eles pensam que eu sou?* Procuramos uma saída e sentimos pena de nós mesmos.

Claro que nada disso afeta a realidade objetiva desse prazo. Não do modo como exercer pressão afeta. Jobs recusava-se a tolerar pessoas que não acreditassem em suas próprias habilidades para ter sucesso. Mesmo que seus pedidos fossem injustos, desconfortáveis ou ambiciosos.

A genialidade e o fascínio de seus produtos – que com frequência pareciam incrivelmente intuitivos e futuristas – encarnam esse traço. Ele venceu o que os outros pensavam ser árduas limitações e, como resultado, criou algo totalmente novo. Ninguém acreditava que a Apple poderia fazer os produtos que fez. De fato, Jobs foi expulso em 1985 porque os membros do conselho na época acharam que a incursão da Apple nos produtos de consumo era um "plano lunático". Claro, eles estavam errados.

Jobs aprendeu a rejeitar os primeiros julgamentos e as objeções que brotavam deles porque quase sempre elas estão enraizadas no medo. Quando ele encomendou um tipo especial de vidro para o primeiro iPhone, o fabricante ficou horrorizado com o prazo agressivo. "Não temos capacidade para isso", disseram. "Não tenham medo", Jobs respondeu. "Vocês podem fazer. Pensem nisso. Vocês podem fazer." Quase da noite para o dia, os fabricantes transformaram suas instalações em uma gigantesca fábrica de vidro e em seis meses tinham produzido o bastante para toda a primeira tiragem do telefone.

Isso é muito diferente de como nos ensinaram a agir. *Seja realista*, nos disseram. *Ouça os comentários. Colabore com os outros. Negocie.* Bem, e se o "outro" lado estiver errado? E se a sabedoria convencional for conservadora demais? É este impulso tão comum de nos *queixarmos, adiarmos e depois desistirmos* que nos impede de agir.

Um empreendedor é alguém com fé em sua habilidade para fazer algo onde antes não havia nada. Para ele, a ideia de que ninguém *jamais* fez isso ou aquilo é algo bom. Quando recebem uma tarefa injusta, alguns veem isso corretamente como uma chance de testar seu estofo – de dar tudo que têm, sabendo muito bem como será difícil vencer. Eles veem como uma oportunidade porque, com frequência, é nesse estado desesperador de nada-a-perder que somos mais criativos.

Nossas melhores ideias vêm daí, onde obstáculos iluminam novas opções.

Encontrando a oportunidade

Uma boa pessoa tinge os acontecimentos
com a sua própria cor... E transforma seja lá o que
acontecer em seu próprio benefício.
– SÊNECA

Um dos mais intimidantes e chocantes avanços na guerra moderna foi a Blitzkrieg (guerra-relâmpago) alemã. Na Segunda Guerra Mundial, os alemães queriam evitar as prolongadas lutas nas trincheiras das guerras anteriores. Portanto, concentraram divisões móveis em rápidas e estreitas forças ofensivas, que surpreendiam seus inimigos totalmente despreparados.

Como a ponta de uma lança, colunas de tanques blindados tomaram de assalto a Polônia, os Países Baixos, a Bélgica e a França com devastadores resultados e pouca oposição. Na maioria dos casos, os comandantes adversários simplesmente se renderam em vez de enfrentarem o que parecia um monstro invencível, incansável, que se abatia sobre eles. A estratégia da Blitzkrieg foi projetada para explorar a perplexidade do inimigo – ele devia sofrer um colapso à vista do que parecia ser uma força avassaladora. Seu sucesso depende totalmente dessa reação. Esta estratégia militar funciona porque as tropas atacadas veem a força ofensiva como um enorme obstáculo abatendo-se sobre eles.

Foi assim que a oposição aliada considerou a Blitzkrieg durante a maior parte da guerra. Eles podiam ver apenas seu poder e sua própria vulnerabilidade a ela. Nas semanas e meses após a bem-sucedida invasão da Normandia pelas forças aliadas, eles a enfrentaram de novo: uma série de contraofensivas alemãs em massa. Como poderiam parar isso? Seriam lançados de volta às mesmas praias que haviam acabado de conquistar a um preço tão alto?

Um grande líder respondeu a essa pergunta. Entrando a passos largos na sala de conferências do quartel-general em Malta, o general Dwight D. Eisenhower anunciou: Não aceitaria mais essa trêmula timidez de seus generais inseguros. "A presente situação deve ser considerada por nós como uma oportunidade e não como um desastre", ele comandou. "Haverá apenas rostos animados nesta mesa de conferências."

Na repentina contraofensiva, Eisenhower pôde ver a solução tática que tinha estado diante deles o tempo todo: a estratégia nazista carregava dentro de si mesma sua própria destruição.

Só então os aliados foram capazes de ver a oportunidade *dentro* do obstáculo, em vez de simplesmente o obstáculo que os ameaçava. Visto adequadamente, desde que os aliados pudessem curvar-se e não quebrar, o ataque lançaria mais de cinquenta mil alemães de cabeça numa rede – ou um "moedor de carne", como expressou Patton com eloquência.

A Batalha das Ardenas e, antes disso, a Batalha do Bolsão das Falésias, que se temia serem ambas reviravoltas e o fim do ímpeto dos aliados, de fato foram seus maiores triunfos. Ao permitir a passagem de uma formação dianteira em cunha do exército alemão e depois atacando-a pelos lados, os aliados cercaram o inimigo totalmente pela retaguarda. A invencível, penetrante, investida dos Panzers alemães não era apenas impotente, mas suicida – um exemplo didático do motivo para jamais deixar seus flancos expostos.

Mais importante, é um exemplo didático do papel que nossas próprias percepções representam nos sucessos ou fracassos de quem se opõe a nós.

Uma coisa é não ser dominado por obstáculos, desencorajado ou transtornado por eles. O que é algo que poucos são capazes de fazer. Mas depois de você ter controlado suas emoções poder ver objetivamente e se manter firme, o próximo passo se torna possível: uma reviravolta mental, e você está olhando não para o obstáculo mas para a oportunidade dentro dele.

Segundo Laura Ingalls Wilder: "Há vantagem em tudo, basta procurar." Mas somos tão desajeitados em procurar. Fechamos os olhos para o presente. Imagine se você estivesse nos sapatos de Eisenhower, com um exército correndo em sua direção, e você só pudesse ver a derrota iminente. Quanto tempo a guerra ainda duraria? Quantas vidas mais seriam perdidas?

O problema são os nossos preconceitos. Eles nos dizem que as coisas devem ou precisam ser de um certo modo, então, quando elas não são, naturalmente assumimos que estamos em desvantagem ou que estamos perdendo tempo perseguindo um rumo alternativo. Quando, na realidade, é tudo jogo limpo, e cada situação é uma oportunidade para agirmos.

Vejamos uma circunstância em que todos já estivemos: ter um chefe ruim. Só vemos o inferno. Só vemos essa coisa nos provocando. Recuamos.

Mas e se você considerasse isso como uma oportunidade em vez de um desastre?

Se você está falando o que pensa ao dizer que está numa situação angustiante e preferiria se demitir, na verdade você tem uma chance única de crescer e se aprimorar. Uma oportunidade única de experimentar soluções diferentes, tentar táticas diferentes ou assumir novos projetos para acrescentar ao seu conjunto de habilidades. Você pode analisar este chefe ruim e aprender com ele – enquanto preenche seu currículo e descobre contatos para um emprego melhor em outro lugar. Você pode se preparar para esse emprego tentando novos estilos de comunicação ou tomando seu próprio partido, tudo com uma perfeita rede de segurança para si mesmo: demitindo-se e saindo dali.

Com esta nova atitude e destemor, quem sabe, você talvez seja capaz de extrair concessões e descobrir que gosta novamente do emprego. Um dia, o chefe cometerá um erro, e aí você faz o seu lance e passa a perna nele. Será muito melhor do que a alternativa – choramingar, falar mal, agir com duplicidade ou com indecisão.

Ou pegue aquele rival de longo tempo no trabalho (ou aquela empresa rival), aquele que lhe causa intermináveis dores de cabeça? Observe que ele também:

- mantém você alerta
- aumenta os riscos
- motiva você a provar que está errado
- fortalece você
- ajuda você a apreciar verdadeiros amigos
- proporciona uma antilogia instrutiva – um exemplo de quem você não quer se tornar

Ou aquela falha no computador que apagou todo o seu trabalho? Você agora será duas vezes bom, visto que fará tudo de novo.

E aquela decisão nos negócios que se revelou um erro? Bem, você tinha uma hipótese e ela acabou sendo um erro. Por que isso deveria aborrecê-lo? Não irritaria um cientista, isso o *ajudaria.* Talvez você não aposte tanto nisso da próxima vez. E agora você aprendeu duas coisas: que o seu instinto estava errado e que tipo de apetite por riscos você realmente tem.

Bênçãos e fardos não são mutuamente excludentes. É muito mais complicado. Sócrates tinha uma mulher mesquinha e chata; ele sempre dizia que estar casado com ela era um bom exercício para a filosofia.

Claro que você gostaria de evitar algo negativo se pudesse. Mas e se você fosse capaz de lembrar, no momento, o segundo ato que parece vir com as infelizes situações que tentamos tanto evitar?

Psicólogos do esporte recentemente fizeram um estudo sobre atletas de elite que sofreram alguma adversidade ou lesão grave. De início, cada um deles relatou sentir isolamento, transtorno emocional e dúvidas quanto a sua habilidade atlética. Mas depois todos relataram o desejo de ajudar os outros, mais perspectiva e conscientização de suas próprias forças. Em outras palavras, todo o medo e a dúvida que sentiram durante a lesão se transformaram em habilidades maiores exatamente nessas áreas.

É uma bela ideia. Os psicólogos chamam isso de crescimento por adversidade e crescimento pós-traumático. "O que não mata engorda", é clichê, mas é fato.

A luta contra um obstáculo inevitavelmente lança o lutador a um novo nível de funcionamento. A extensão da luta determina a extensão do crescimento. O obstáculo é uma vantagem, não uma adversidade. O inimigo é qualquer percepção que nos impeça de ver isso.

De todas as estratégias de que falamos, esta é uma que você pode usar sempre. Tudo pode ser virado ao contrário, visto com esse tipo de olhar: um olhar penetrante que ignora a embalagem e vê apenas o presente.

Ou podemos combatê-lo totalmente. O resultado é o mesmo. O obstáculo ainda existe. Só dói menos. O benefício ainda está ali debaixo da superfície. Que tipo de idiota decide não aceitá-lo?

Agora, somos gratos pelas coisas que as outras pessoas evitam ou recuam diante delas.

Quando as pessoas são:

– rudes ou desrespeitosas:
Elas nos subestimam. Uma enorme vantagem.

– coniventes:

Não teremos que nos desculpar quando as usarmos como exemplo.

– críticas ou questionam nossas habilidades:

Baixas expectativas são mais fáceis de superar.

– preguiçosas:

Fazem tudo o que realizarmos parecer ainda mais admirável.

É surpreendente. Estes são ótimos pontos de partida, melhores, em alguns casos, do que qualquer coisa que você esperou no melhor cenário. Que vantagem você obtém de alguém sendo polido? Ou sendo leniente? Por trás de comportamentos que provocam uma reação negativa imediata está uma oportunidade – algum benefício visível de que podemos no apoderar mentalmente e então agir.

Portanto, concentre-se nisso – no presente mal embrulhado e inicialmente repugnante que você recebeu em cada situação aparentemente desvantajosa. Porque sob a embalagem está o de que precisamos – muitas vezes algo de verdadeiro valor. Um presente de grandes benefícios.

Ninguém está falando aqui de chavões do tipo copo-cheio-pela-metade. Esta deve ser uma reviravolta completa. Ver através do que é negativo, pelo lado avesso, até seu corolário: o positivo.

Prepare-se para agir

Então, imite a ação do tigre;
Enrijeça os tendões, convoque a carnificina.
– SHAKESPEARE

Problemas raramente são tão ruins quanto pensamos – ou melhor, são *exatamente* tão ruins quanto *pensamos*.

É um enorme passo à frente entender que a pior coisa que pode acontecer nunca é o evento, mas o evento *e* você perder a cabeça. Porque, então, você terá dois problemas (um deles desnecessário e *post hoc*).

O que se exige de você é: uma vez tendo visto o mundo como ele é, pelo que ele é, você deve agir. A percepção adequada – objetiva, racional, ambiciosa, clara – isola o obstáculo e o expõe pelo que ele é.

Uma cabeça clara contribui para mãos mais firmes. E, então, estas mãos devem ser colocadas para trabalhar. *Bom* uso.

Todos nós devemos fazer suposições na vida, temos que pesar custos e benefícios. Ninguém está lhe pedindo para ver o mundo através de lentes cor-de-rosa. Ninguém está pedindo nobres fracassos ou martírios.

Mas *coragem* ao agir, mesmo que você compreenda o lado negativo e a realidade de seu obstáculo. Decida atacar o que está em seu caminho – não porque você é um jogador desafiando as probabilidades, mas porque você as calculou e corajosamente aceitou os riscos.

Afinal de contas, agora que você administrou as percepções adequadamente, o passo seguinte é agir.

Está pronto?

PARTE II

AÇÃO

O QUE É AÇÃO? Ação é lugar-comum, ação correta não é. Como uma disciplina, não é qualquer tipo de ação que vai servir, mas a ação *direcionada*. Tudo deve ser feito a serviço do todo. Passo a passo, ação a ação, desmontaremos os obstáculos a nossa frente. Com persistência e flexibilidade, agiremos no interesse de nossos objetivos. Ação requer coragem, não impetuosidade – aplicação criativa e não força bruta. Nossos movimentos e decisões nos definem: Devemos estar certos de agir com deliberação, ousadia e persistência. Esses são os atributos da ação certa e eficaz. Nada mais – não pensar em fugir nem na ajuda dos outros. Ação é a solução e a cura para nossos apuros.

A disciplina da ação

Havia poucas evidências de que Demóstenes estivesse destinado a ser o maior orador de Atenas, muito menos de toda a história. Ele nasceu doente e frágil com uma quase debilitante obstrução da fala. Aos 7 anos, perdeu o pai. E aí as coisas pioraram.

A grande herança deixada para ele – que era para pagar tutores e as melhores escolhas – foi roubada pelos guardiães encarregados de protegê-lo. Eles se recusaram a pagar seus tutores, privando-o da educação a que tinha direito. Ainda fraco e doente, Demóstenes também era incapaz de se distinguir em outra esfera crítica da vida grega: o chão das escolas de ginástica.

Aqui estava esta criança desajeitada, sem pai, efeminada, que ninguém compreendia, de quem todo mundo ria. Não exatamente o menino que você esperaria que em breve teria o poder de mobilizar uma nação para a guerra com apenas sua voz.

Desfavorecido pela natureza, abandonado pelas pessoas de quem dependia, quase todos os males que podiam ser infligidos a uma criança aconteceram com Demóstenes. Nada disso era justo, nada disso era certo. A maioria de nós, na sua posição, teria desistido na hora. Mas Demóstenes, não.

Cravada em sua mente estava a imagem de um grande orador, um homem que um dia ele vira falando na corte de Atenas. Este indivíduo solitário, tão hábil e poderoso, absorvia a admiração da multidão, pendurada em cada palavra sua durante horas – sujeitando toda a oposição com não mais do que o som de sua voz e a força de suas ideias. Isso inspirou e desafiou Demóstenes, fraco, desconcertado, impotente e ignorado: pois, de muitas maneiras, aquele orador forte, confiante, era o oposto dele.

Então, ele fez alguma coisa a respeito.

Para vencer sua dificuldade para falar, ele planejou seus próprios e estranhos exercícios. Enchia a boca de pedregulhos e praticava. Ensaiava discursos inteiros ao vento ou enquanto subia correndo íngremes inclinações. Aprendeu a fazer discursos inteiros de um fôlego só. Em breve, sua voz tranquila e fraca irrompeu em estrondosa e forte clareza.

Demóstenes se trancou debaixo da terra – literalmente –, num esconderijo que havia construído para poder estudar e se educar. Para garantir que não se entregaria a distrações externas, ele raspou metade da cabeça, assim se sentiria constrangido demais para sair lá fora. E daí em diante, ele descia obedientemente todos os dias a seu estúdio para trabalhar sua voz, suas expressões faciais e seus argumentos.

Quando se aventurava a sair, era para aprender ainda mais. Cada momento, cada conversa, cada transação, era uma oportunidade para ele melhorar sua arte. Tudo isso tinha um objetivo: enfrentar seus inimigos no tribunal e conquistar de volta o que lhe havia sido tirado. O que ele fez.

Ao chegar à maioridade, Demóstenes finalmente processou os negligentes guardiães que o haviam enganado. Eles driblaram seus esforços e contrataram seus próprios advogados, mas Demóstenes recusou-se a ser detido. Flexível e criativo, igualou-se a eles, processo a processo, e fez inúmeros discursos. Confiante em suas novas forças, movido por suas próprias labutas, seus inimigos não estavam à sua altura. Demóstenes acabou vencendo.

Só restava uma fração da herança original, mas o dinheiro tinha se tornado secundário. A reputação de Demóstenes como orador, sua habilidade em comandar uma multidão e seu incomparável conhecimento das complexidades da lei valiam mais do que o que tivesse sobrado de uma fortuna que fora grande um dia.

Cada discurso que fazia o tornava mais forte, cada dia que ele persistia o deixava mais determinado. Ele não se deixava enganar pelos valentões e desprezava o medo. Na luta com seu infeliz destino, Demóstenes encontrou sua verdadeira vocação: ele seria a voz de Atenas, o seu grande orador e consciência. Ele teria sucesso exatamente por causa do que havia passado e do modo como reagira. Ele havia canalizado sua raiva e dor no treinamento, e mais tarde em seus discursos, alimentando-os com uma espécie de ferocidade e poder que não podia ser igualado nem resistido.

Alguns acadêmicos certa vez lhe perguntaram quais eram os três traços mais importantes da arte da oratória. Sua resposta diz tudo: “Ação, Ação, Ação!”

Sem dúvida, Demóstenes perdeu a herança com que havia nascido, e isso foi uma desgraça. Mas, no processo de lidar com esta realidade, ele criou outra bem melhor – uma que jamais poderiam lhe tirar.

Mas, e você, quando lhe dão uma mão desfavorável? Qual a sua reação? Você passa adiante? Ou joga com o que tiver? Acontece uma explosão, metafórica ou não. Você é o cara que corre em direção a ela? Ou foge? Ou, pior, fica paralisado e não faz nada?

Este pequeno teste de caráter diz tudo a nosso respeito.

E é triste que tantos de nós falhem – optando por não agir. Porque agir é natural, inato. Você tropeça e cai agora, seus instintos físicos o protegem. Você estende as mãos para impedir a queda, para não quebrar a cara. Num acidente violento, você entra em choque, mas ainda consegue esconder o rosto com os braços. É daí que vem a expressão *ferimentos defensivos.* Não pensamos, não nos queixamos, não discutimos. Agimos. Temos força de verdade – mais força do que pensamos.

Mas nas nossas vidas, quando nossos piores instintos estão no controle, agimos frivolamente. Não agimos como Demóstenes, agimos com fraqueza e somos impotentes para nos aprimorar. Talvez sejamos capazes de articular um problema, até potenciais soluções, mas então semanas, meses ou às vezes anos mais tarde o problema ainda permanece ali. Ou ficou pior. Como se esperássemos que alguém mais lidasse com ele, como se honestamente acreditássemos que existe uma chance de os obstáculos *deixarem de ser obstáculos* sozinhos.

Todos nós fizemos isso. Dissemos: "Estamos tão (arrasados, cansados, estressados, ocupados, bloqueados, superados)."

E, então, o que fazemos a respeito? Saímos e vamos encontrar os amigos. Ou festejar. Ou dormir. Ou esperar.

Parece melhor ignorar ou fingir. Mas você sabe, bem lá no fundo, que isso não vai melhorar nada. Você precisa agir. E precisa começar agora.

Nós esquecemos: na vida, não importa o que acontece com você ou de onde você veio. O que importa é o que você faz com o que lhe acontece e com o que lhe foi dado. A única maneira de fazer algo espetacular é usando tudo isso em seu proveito.

As pessoas transformam merda em açúcar o tempo todo – merdas muito piores do que qualquer coisa com que você esteja lidando. Estou falando de deficiências físicas, discriminação racial, batalhas contra exércitos avassaladoramente superiores. Mas essas pessoas não desistiram. Elas não sentiram pena de si mesmas. Não se iludiram com fantasias sobre soluções simples. Elas se concentraram na única coisa que importava: aplicar-se com gosto e criatividade.

Nascidas sem nada, na pobreza, na adversidade ou no caos de décadas atrás, certos tipos de indivíduos se viram livres de noções modernas de justiça ou do que é bom ou mau. Porque nada disso se aplicava a eles. O que estava diante deles era tudo o que conheciam – tudo o que tinham. E, em vez de se queixarem, trabalhavam com isso. Faziam o melhor possível com isso. Porque não tinham escolha, tinham que fazer.

Ninguém quer nascer fraco ou ser vitimizado. Ninguém quer estar reduzido a seu último centavo. Ninguém quer ficar preso atrás de um obstáculo, bloqueado sem poder ir aonde precisa. Essas circunstâncias não são criadas pela percepção, mas não são indiferentes – ou imunes – à ação. De fato, essa é a única coisa a que estas situações respondem.

Ninguém está dizendo que você não pode tirar um minuto para pensar: *Maldição, isso é uma droga.* Por favor, manifeste-se. Desabafe. Avalie. Só não demore muito. Porque você precisa voltar a trabalhar. Porque cada obstáculo que superamos nos torna mais fortes para o próximo.

Mas...

Não. Sem desculpas. Sem exceções. Sem rodeios. É com você.

Não podemos nos dar o luxo de fugir correndo. De nos esconder. Porque há algo muito específico que estamos tentando fazer. Há um obstáculo sobre o qual precisamos nos debruçar e transformar.

Ninguém virá salvá-lo. E se gostaríamos de ir aonde dizemos que queremos – para fazer o que dizemos que são nossos objetivos – só há um jeito. E é enfrentando nossos problemas com a ação correta.

Portanto, podemos sempre (e apenas) ir ao encontro de nossos obstáculos

- com energia
- com persistência
- com um processo coerente e deliberado

- com reiteração e flexibilidade
- com pragmatismo
- com visão estratégica
- com astúcia e tino
- e um olho na oportunidade e nos momentos fundamentais

Está pronto para começar a trabalhar?

Mexa-se

Devemos todos nos cansar ou enferrujar,
cada um de nós. Minha escolha é cansar.
– THEODORE ROOSEVELT

Amelia Earhart queria ser uma grande aviadora. Mas era a década de 1920 e as pessoas ainda pensavam que as mulheres eram frágeis e não tinham coragem. O sufrágio feminista não tinha nem uma década de existência.

Ela não podia ganhar a vida como piloto, então aceitou um emprego como assistente social. Um dia, o telefone tocou. O homem na linha tinha uma proposta bastante ofensiva, do tipo: *Temos alguém disposto a financiar o primeiro voo transatlântico por uma mulher. Nossa primeira escolha já desistiu. Você não terá que pilotar realmente o avião, vamos mandar dois homens junto como acompanhantes e, adivinhe, vamos pagar a eles um bom dinheiro e você não receberá nada. Ah, e você pode muito bem morrer nisso.*

Sabe o que ela respondeu? Ela disse *sim.*

Porque isso é o que as pessoas que desafiam as probabilidades fazem. É assim que as pessoas que se tornam importantes – seja voando ou mandando aos ares estereótipos de gênero – fazem. Elas começam. Em qualquer lugar. De qualquer maneira. Elas não se importam se as condições são perfeitas ou se estão sendo desrespeitadas. Porque sabem que, assim que começarem, se tiverem algum impulso, podem fazer as coisas funcionarem.

Foi o que aconteceu com Amelia Earhart. Menos de cinco anos depois, ela foi a primeira mulher a realizar um voo solo sem paradas sobre o Atlântico e se tornou, com justiça, uma das mais famosas e respeitadas pessoas do mundo.

Mas nada disso teria acontecido se ela tivesse virado o nariz para aquela oferta ofensiva ou ficado sentada sentindo pena de si mesma. Nada disso teria acontecido também se ela parasse após aquela primeira realização. O importante foi que ela aproveitou a oportunidade e prosseguiu. Essa foi a razão do seu sucesso.

A vida pode ser frustrante. Frequentemente, sabemos quais são os nossos problemas. Podemos até saber o que fazer a respeito. Mas tememos que agir seja muito arriscado, que não temos experiência, que não é como imaginamos ou porque é muito caro, porque é muito cedo, porque achamos que algo melhor pode surgir, porque pode não dar certo.

E você sabe qual é o resultado? Não acontece nada. Não fazemos nada.

Diga a si mesmo: o tempo para isso já passou. O vento se levanta. O sino tocou. Dê a largada, mova-se.

Com frequência, supomos que o mundo se move a nosso bel-prazer. Demoramos quando devíamos começar. Caminhamos quando devíamos estar correndo ou, melhor ainda, correndo a toda velocidade. E aí ficamos chocados – *chocados!* – quando nada importante acontece, quando oportunidades nunca aparecem, quando novos obstáculos se acumulam ou quando os inimigos finalmente agem juntos.

Claro que eles agiram, nós lhes demos espaço para isso. Nós lhes demos a chance.

Portanto, o primeiro passo é: anime-se, dê a volta por cima. Você precisa começar, ir a algum lugar. Agora, digamos que você já fez isso. Fantástico. Já está na frente da maioria das pessoas. Mas sejamos sinceros: Você poderia estar fazendo mais? Provavelmente sim – tem sempre mais. No mínimo, poderia estar se esforçando mais. Você poderia já ter começado, mas seu esforço total não está nisso – o que é visível.

Isso vai afetar os seus resultados? Sem dúvida.

Nos primeiros anos da Segunda Guerra Mundial, não havia designação pior para as tropas britânicas do que serem mandadas para o front no norte da África. Metódicos e disciplinados, os britânicos detestavam o tempo estafante e o terreno que destruíam suas máquinas e seus planos.

Eles agiam como se sentiam: lentos, tímidos, cautelosos.

O marechal de campo alemão, general Erwin Rommel, por outro lado, adorava. Ele via a guerra como um jogo. Um jogo perigoso, inconsequente, desordenado, rápido. E, o mais importante, ele se afeiçoou a este jogo com incrível energia e estava constantemente forçando suas tropas para a frente.

As tropas alemãs tinham uma frase a esse respeito: onde Rommel estiver, ali é o front.

Esse é o próximo passo: colocar os pés nos estribos e realmente *correr* atrás.

Isso definitivamente não é o que dizem a respeito da maioria dos líderes de hoje em dia. Enquanto executivos com salários altíssimos tiram longas férias e se escondem por trás de e-mails com respostas automáticas, algum programador está trabalhando dezoito horas por dia e abrindo a empresa nascente que vai destruir os negócios desse executivo. E, se formos honestos, provavelmente estaremos mais perto do primeiro do que do último quando se tratar dos problemas que enfrentamos (ou não enfrentamos).

Enquanto você está dormindo, viajando, frequentando reuniões ou embromando on-line, a mesma coisa está lhe acontecendo. Você está ficando frouxo. Não é agressivo o suficiente. Não está se apressando. Você tem um milhão de razões para não se mover mais rápido. Tudo isso faz com que os obstáculos em sua vida se mostrem muito grandes.

Por algum motivo, hoje em dia tendemos a subestimar a importância da agressividade, de nos arriscarmos, de avançar em disparada. Provavelmente porque isso tem sido associado de forma negativa a certas noções de violência ou masculinidade.

Mas é claro que Earhart mostra que isso não é verdade. De fato, na lateral de seu avião ela pintou as palavras: "Pense sempre com seu manche para a frente". Isso é: você não pode jamais diminuir sua velocidade de voo – senão, você cai. Seja deliberado, é claro, mas você precisa sempre seguir em frente.

E esta é a parte final: mantenha-se em movimento *sempre.*

Como Earhart, a história havia ensinado a Rommel que aqueles que atacam os problemas e a vida com mais iniciativa e energia, em geral, vencem. Ele estava sempre avançando, e com um efeito devastador, mantendo em debandada as forças britânicas mais cautelosas.

Sua série de ofensivas em Cyneraica, Tobruk e Tunísia levaram a algumas das vitórias mais surpreendentes na história das guerras. Ele começou cedo, enquanto os britânicos ainda tentavam se sentir confortáveis. Como resultado, Rommel conseguiu aproveitar o que parecia ser uma vantagem incontestável em um dos terrenos mais inabitáveis do planeta. Ele invadiu os sombrios campos de batalha da África do Norte, de enormes distâncias, ofuscantes tempestades de areia, calor escaldante e falta de água, porque não parava nunca.

Isso surpreendia até seus oficiais comandantes, que sempre tentavam fazê-lo ir mais devagar. Eles preferiam deliberações e discursos ao avanço. Isso teve um efeito devastador no ímpeto que Rommel havia conseguido com suas tropas – exatamente como acontece em nossas próprias vidas.

Portanto, quando você estiver frustrado na busca de suas próprias metas, não fique sentado queixando-se por não ter o que deseja ou porque aquele obstáculo não desaparece. Se você ainda nem tentou, então é claro que ele continuará no mesmo lugar. Você, na verdade, não foi atrás de nada.

Falamos muito sobre coragem como uma sociedade, mas esquecemos que, em seu nível mais básico, trata-se realmente apenas de agir – seja abordar alguém que o intimide ou finalmente decidir abrir um livro sobre um assunto que você precisa aprender. Tal como fez Earhart, todas as grandes pessoas que você admira começaram dizendo *Sim, vamos.* E, em geral, elas fizeram isso em circunstâncias menos desejáveis do que aquelas pelas quais jamais passaremos.

Só porque as condições não são exatamente do seu gosto, ou você ainda não se sente pronto, isso não significa que terá salvo-conduto. Se você quer impulso, terá que criá-lo você mesmo, agora mesmo, levantando-se e começando.

Pratique a persistência

Ele diz que a melhor saída é sempre ir até o fim
e concordo com isso, ou até agora
como não vejo saída senão ir até o fim.
– ROBERT FROST

Durante quase um ano, o general Ulysses S. Grant tentou romper as defesas de Vicksburg, uma cidade pousada no alto das rochas do Mississippi, crítica para a força repressora da Confederação, no rio mais importante do país. Ele tentou atacar de frente. Tentou dar a volta. Passou meses cavando um novo canal que mudaria o curso do rio. Explodiu as barragens rio acima e literalmente tentou descer arrastando barcos até a cidade sobre terreno inundado.

Nada disso funcionou. O tempo todo os jornais tagarelavam. Foram meses sem progresso. Lincoln tinha enviado um substituto, e o homem estava à espreita. Mas Grant recusava-se a perder o sangue-frio, recusava-se a se apressar ou parar. Ele sabia que havia um ponto fraco em algum lugar. Ele o encontraria ou criaria um.

Seu próximo movimento foi contrário a quase todas as teorias militares convencionais. Ele decidiu passar com seus barcos pelas baterias armadas que guardavam o rio – um risco considerável, porque uma vez lá embaixo eles não poderiam voltar. Apesar de um fogo de artilharia noturno sem precedentes, quase todos os barcos passaram ilesos. Dias depois, Grant cruzou o rio cerca de cinquenta quilômetros correnteza abaixo no apropriadamente chamado Hard Times, na Louisiana.

O plano de Grant era ousado: deixando para trás a maior parte dos seus suprimentos, suas tropas teriam que viver da terra e subir o rio, capturando cidade após cidade pelo caminho. No momento em que Grant fez cerco à própria Vicksburg, a mensagem para seus homens e seus inimigos estava clara: ele jamais desistiria. As defesas finalmente se romperiam. Grant era incontrolável. Sua vitória não seria bonita, mas era inexorável.

Se vamos superar nossos obstáculos, esta é a mensagem a ser divulgada – interna e externamente. Não seremos impedidos pelo fracasso, não seremos apressados ou distraídos por ruídos externos. Vamos cinzelar e trabalhar com afinco o obstáculo até ele desaparecer. Resistir é inútil.

Em Vicksburg, Grant aprendeu duas lições. Primeiro, persistência e pertinência são trunfos incríveis e provavelmente seus principais trunfos como líder. Segundo, como em geral acontece como resultado de tal dedicação, ao exaurir todas as outras opções tradicionais ele tinha sido forçado a tentar algo novo. Essa opção – abandonando seus trens de suprimentos e vivendo dos despojos do território hostil – era uma estratégia ainda não testada que o Norte agora podia usar para esgotar lentamente o Sul de seus recursos e vontade de lutar.

Na persistência, ele havia não só aberto caminho: ao tentar de todas as maneiras erradas, Grant descobriu um modo totalmente novo – o modo que finalmente venceria a guerra.

A história de Grant não é exceção à regra. *É* a regra. É assim que a inovação funciona.

Em 1878, Thomas Edison não era o único a fazer experiências com luzes incandescentes. Mas era o único homem querendo testar seis mil filamentos diferentes – inclusive um feito com o fio de barba de um de seus homens – cada vez chegando mais perto daquele que finalmente funcionaria.

E, claro, ele acabou encontrando – provando que genialidade muitas vezes é apenas persistência disfarçada. Ao aplicar toda sua energia física e mental – jamais se cansando ou desistindo – Edison sobreviveu a competidores impacientes, investidores e a imprensa para descobrir, num pedaço de bambu, veja só, o poder de iluminar o mundo.

Nikola Tesla, que passou um ano frustrado no laboratório de Edison durante a invenção da lâmpada elétrica, certa vez zombou dizendo que, se Edison precisasse encontrar uma agulha num palheiro, ele "começaria logo" a simplesmente "examinar palha por palha até encontrar o objeto da sua pesquisa". Bem, às vezes é exatamente esse o método.

Enquanto damos cabeçadas em obstáculos, vale a pena imaginar Grant e Edison. Grant com um charuto pendurado na boca. Edison de quatro no laboratório por dias a fio. Ambos personificando, incessantemente, a fria persistência e o espírito dos versos do poema de Alfred Lord Tennyson sobre aquele outro Ulysses: "Lutar, buscar, encontrar". Ambos recusando-se a desistir. Revolvendo mentalmente opção após opção e tentando, cada um, com igual entusiasmo. Sabendo que no final – *inevitavelmente* – um funcionaria. Acolhendo com prazer a oportunidade de testar e testar e testar, gratos pelo inestimável conhecimento que isso revela.

A coisa que está no seu caminho não vai a lugar algum. Você não vai ser mais esperto ou mais criativo do que ela com alguma epifania que muda o mundo. Você tem que encará-la e as pessoas a sua volta, que começaram o inevitável coro de dúvidas e desculpas, e dizer, como Margaret Thatcher: "Vocês mudem se quiserem. A dama não é a favor de mudar."

Muita gente pensa que grandes vitórias como a de Grant e a de Edison surgem de um flash de inspiração. Que eles resolveram o problema com simples genialidade. De fato, foi a lenta pressão, repetida de muitos ângulos, a eliminação de tantas outras opções mais promissoras, que lentamente e sem dúvida alguma revolveu a solução para o topo da pilha. O gênio deles foi a união de propósito, surdez às dúvidas e o desejo de fincar pé.

Mas e se este método não for tão "científico" ou "adequado" quanto os outros? O importante é que funcione.

Trabalhar nele "funciona". É simples assim. (Mas, de novo, não é fácil.)

Para a maior parte do que tentamos na vida, alterações não são a questão. Somos, em geral, hábeis, instruídos e capazes o suficiente. Mas temos paciência para refinar nossas ideias? Energia para bater em portas suficientes até encontrarmos investidores ou patrocinadores? Persistência para dar duro com a política e o drama de trabalhar com um grupo?

Uma vez que se tenha começado a atacar um obstáculo, desistir não é opção. Não pode entrar na sua cabeça. Abandonar um caminho por outro que poderia ser mais promissor? Sem dúvida, mas isso é muito diferente de desistir. Uma vez que se imaginar desistindo de tudo, você pode tocar o sino. Está acabado.

Considere este conjunto de atitudes:

Jamais com pressa

Jamais preocupado

Jamais desesperado

Jamais parar de repente

Lembre-se de uma das frases preferidas de Epicteto: "Persista e resista". Persista em seus esforços. Resista a se entregar a distrações, desânimo ou desordem.

Não há necessidade de sofrer por causa disso ou de se sentir explorado. Não precisa se preocupar ou entrar em desespero. Você não vai a lugar algum – não vai ser ignorado. Você está nisso para o longo trajeto.

Porque quando você joga o tempo todo até soar o apito, não há motivo para se preocupar com o relógio. Você sabe que não vai parar até terminar – que tem cada segundo disponível para usar. Portanto, reveses temporários não são desanimadores. São apenas solavancos numa longa estrada que você pretende percorrer até o fim.

Fazer coisas novas invariavelmente significa encontrar obstáculos. Um novo caminho não é, por definição, claro. Somente com persistência e tempo podemos cortar fora pedaços de rocha e remover empecilhos. Somente lutando com as obstruções que fizeram os outros desistir é que podemos nos encontrar em território inexplorado – apenas persistindo e resistindo podemos aprender o que outros foram impacientes demais para se deixar ensinar.

Tudo bem ficar desanimado. Mas não vale desistir. Saber que você quer desistir, mas fincar os pés e continuar chegando mais perto até conquistar a impenetrável fortaleza que decidiu assediar em sua própria vida – *isso* é persistência.

Edison certa vez explicou que, ao inventar, "o primeiro passo é uma intuição – e vem como um estouro – *depois* surgem as dificuldades". O que distinguia Edison de outros inventores era a tolerância para estas dificuldades e a constante dedicação com a qual se aplicava em solucioná-las.

Em outras palavras: *espera-se* que seja difícil. Suas primeiras tentativas *não vão funcionar*. Vão exigir um bocado de você – mas energia é um recurso que você sempre pode encontrar em mais quantidade. É uma fonte renovável. Pare de esperar por uma epifania e comece a procurar pontos fracos. Pare de procurar anjos e comece a procurar ângulos. Existem opções. Disponha-se à longa jornada e então tente todas as possibilidades, e você chega lá.

Quando as pessoas perguntam onde estamos, o que estamos fazendo, como está indo aquela "situação", a resposta deve ser clara: estamos trabalhando nisso. Estamos chegando perto. Quando surgem contratempos, reagimos trabalhando duas vezes mais.

Repita

O que é derrota? Nada a não ser educação;
nada além dos primeiros passos para algo melhor.
– WENDELL PHILLIPS

No Vale do Silício, iniciantes (os chamados *start-ups*) não se lançam com produtos acabados, refinados. Pelo contrário, eles colocam no mercado o seu "Minimum Viable Product" (MVP) ou Produto Viável Mínimo – a versão mais básica de sua ideia essencial, com apenas uma ou duas caraterísticas fundamentais.

O objetivo é ver imediatamente como os clientes reagem. E, se essa reação for fraca, ser capaz de fracassar a custos baixos e rápido. Evitar fazer ou investir num produto que os clientes não querem.

Como os engenheiros agora gostam de gracejar: Fracasso faz Parte.

Mas não é brincadeira. O fracasso realmente pode ser um componente se o que você está tentando fazer é melhorar, aprender ou fazer algo novo. É o aspecto que precede quase todos os sucessos. Não é vergonha nenhuma estar errado, mudar de curso. Cada vez que isso acontece, temos novas opções. Problemas tornam-se oportunidades.

O velho estilo de fazer negócio – quando as empresas adivinham o que os clientes querem por meio de pesquisa e depois criam aquele produto num laboratório, isolados e sem feedback – reflete o medo do fracasso e é profundamente frágil com relação a ele. Se o produto com alto nível de produção for um fiasco no dia de lançamento, todo esse esforço foi desperdiçado. Se tem êxito, ninguém realmente sabe por que ou o que foi responsável por esse sucesso. O modelo MVP, por outro lado, engloba fracasso e feedback. Ele se fortalece com o fracasso, abandonando as características que não funcionam, que os clientes não acham interessantes, e depois focalizando os recursos limitados dos desenvolvedores para melhorar as que funcionam.

Num mundo onde cada vez mais trabalhamos para nós mesmos, somos responsáveis por nós mesmos, faz sentido nos vermos como *start-ups* – *start-up* de um só.

E isso significa mudar o relacionamento com o fracasso. Significa repetir, fracassar e melhorar. Nossa capacidade de tentar, tentar e tentar está inextricavelmente associada à nossa habilidade e tolerância para fracassar, fracassar e fracassar.

No caminho para a ação bem-sucedida, vamos fracassar – possivelmente muitas vezes. E não faz mal. Pode ser até uma coisa boa. Ação e fracasso são dois lados da mesma moeda. Um não vem sem o outro. O que interrompe esta conexão crítica é quando as pessoas param de agir – porque entenderam errado o fracasso.

Quando surge o fracasso, pergunte: *O que deu errado aqui? O que pode ser melhorado? O que eu não estou vendo?* Isso ajuda a trazer à luz modos alternativos de fazer o que precisa ser feito, modos que são com frequência muito melhores do que aqueles com os quais começamos. O fracasso coloca você em becos dos quais você precisa descobrir como sair. É uma fonte de descobertas.

Por isso, as histórias de grandes sucessos são muitas vezes precedidas por fracassos épicos – porque as pessoas voltaram para a prancheta. Elas não se envergonharam de errar, mas fincaram as esporas, incentivadas por isso. Às vezes, no esporte, é preciso uma derrota por pouco para finalmente convencer um pobre-diabo de que é capaz de concorrer com aquele competidor que o intimidou (e derrotou) por tanto tempo. A perda pode ser dolorosa mas, como disse Franklin, ela também pode instruir.

Num negócio, levamos a maioria dos fracassos para o lado menos pessoal e compreendemos que eles fazem parte do processo. Se um investimento ou um novo produto dá certo, ótimo. Se falha, não tem importância porque estamos preparados para isso – não investimos cada centavo nessa opção.

Grandes empreendedores são:

jamais apegados a uma posição

jamais com medo de perder um pouco
de seus investimentos

jamais amargurados ou constrangidos

jamais fora do jogo por muito tempo

Eles escorregam muitas vezes, mas não caem.

Mesmo sabendo que aprendemos muito com o fracasso – lições que vimos com nossos próprios olhos –, repetidas vezes nos retraímos diante dele. Fazemos de tudo para evitá-lo, pensando que é constrangedor ou vergonhoso. Nós falhamos, chutando e gritando.

Por que eu iria querer fracassar? Dói.

Eu nunca diria que não. Mas podemos reconhecer que o fracasso temporário, previsto, certamente dói menos do que um permanente, catastrófico? Como qualquer boa escola, aprender com o fracasso não é de graça. O custo é pago em desconforto ou perda e ter que começar de novo.

Contente-se em pagar. Não haverá melhor professor para a sua carreira, para o seu livro, para o seu novo empreendimento. Existe um velho ditado sobre como o capitão de um navio irlandês localizava todas as pedras no porto – com o fundo de seu barco. O que funcionar, certo?

Lembra de Erwin Rommel e de como ele logo acabou com as forças britânicas e americanas no norte da África? Tem outra parte dessa história. As forças aliadas, na verdade, escolheram esse campo de batalha desvantajoso de propósito. Churchill sabia que eles teriam que tomar a sua primeira posição contra os alemães em algum lugar, mas fazer isso *e* perder na Europa seria desastroso para o moral.

Na África do Norte, os britânicos aprenderam a combater os alemães – e desde o início aprenderam principalmente com o fracasso. Mas isso era aceitável, porque tinham previsto uma curva de aprendizado e se planejado para tanto. Eles aceitaram porque sabiam, como Grant e Edison, o que significava: vitória mais adiante. Como resultado, as tropas aliadas que Hitler enfrentou na Itália eram muito melhores do que as que ele enfrentara na África e as que enfrentou na França e na Alemanha eram melhores ainda.

A única maneira de garantir que não nos beneficiaremos com o fracasso – garantir que é uma coisa ruim – é não aprender com ele. Continuar tentando a mesma coisa repetidas vezes (que é a definição de insanidade). As pessoas falham aos poucos o tempo todo. Mas não aprendem. Não escutam. Não veem os problemas que o fracasso expõe. Isso não as torna melhores.

Teimosos e resistentes à mudança, são estes os tipos por demais preocupados com eles mesmos para perceberem que o mundo não tem tempo para implorar, discutir e convencê-los de seus erros. De corpo mole e coração duro, eles têm muita armadura e ego para fracassar bem.

É hora de compreender que o mundo está lhe dizendo alguma coisa com cada fracasso e ação. É feedback – dando-lhe instruções precisas sobre como melhorar, tentando despertá-lo de sua falta de noção. Tentando ensinar-lhe alguma coisa. *Escute.*

Lições são difíceis só se você for surdo a elas. Não seja.

Ser capaz de ver e compreender o mundo assim faz parte de vencer obstáculos. Aqui, uma negativa se torna positiva. Transformamos o que seria decepção em oportunidade. O fracasso nos mostra o caminho – ao nos mostrar o que *não é* o caminho.

Siga o processo

Debaixo do pente
O emaranhado e o caminho reto
São a mesma coisa.
– HERÁCLITO

O treinador Nick Saban, na verdade, não se refere a isso com frequência, mas cada um de seus assistentes e jogadores vive de acordo com isso. Eles lhe dizem, tatuando em suas mentes e em cada ação que tomam, porque apenas duas palavras são responsáveis por seu sucesso sem precedentes: O Processo.

Saban, treinador chefe do time de futebol da Universidade do Alabama – talvez a dinastia mais dominante na história do futebol universitário –, não se concentra no que todos os outros treinadores enfocam ou pelo menos não do *modo* como eles fazem. Ele ensina O Processo.

> *"Não pense em vencer o SEC Championship. Não pense no campeonato nacional. Pense no que você precisa fazer neste treino, neste jogo, neste momento. Esse é o processo: vamos pensar no que podemos fazer hoje, na tarefa ao nosso alcance."*

No caos do esporte, como na vida, o processo nos dá um caminho.

Ele diz: Tudo bem, você precisa fazer algo muito difícil. Não se concentre nisso. Pelo contrário, quebre-o em pedaços. Simplesmente faça o que você *precisa* fazer *agora mesmo*. E faça bem. E depois passe para a próxima coisa. Siga o processo, e não o prêmio.

O caminho para campeonatos consecutivos é exatamente isso, um caminho. E você viaja por uma estrada, aos passos. Excelência é uma questão de passos. Sobressaindo neste, depois naquele e, então, no que vem depois desse. O processo de Saban é exclusivamente isso – existir no presente, dar um passo de cada vez, sem se distrair com mais nada. Não com o outro time, não com o placar nem com a multidão.

O processo é para terminar. Terminar jogos. Terminar exercícios. Terminar sessões de cinema. Terminar passeios. Terminar repertórios, Terminar peças. Terminar blocos. Terminar a mais ínfima tarefa que você tem a sua frente e terminá-la bem.

Seja perseguindo o auge do sucesso na sua área ou simplesmente sobrevivendo a uma terrível ou dolorosa experiência, a mesma abordagem funciona. Não pense no final – pense em sobreviver. Faça isso de refeição a refeição, de pausa a pausa, de barreira em barreira, de cheque em cheque, um dia de cada vez.

E quando você realmente acertar, até as coisas mais difíceis se tornam administráveis. Porque o processo é relaxante. Sob sua influência, não precisamos entrar em pânico. Até tarefas gigantescas se tornam apenas uma série de componentes.

Isso foi o que o grande pioneiro da meteorologia do século XIX, James Pollard Espy, pôde ver num encontro casual quando rapaz. Sem saber ler e escrever até os 18 anos, Espy assistiu a um estimulante discurso pelo famoso orador Henry Clay. Depois da palestra, um fascinado Espy tentou se aproximar de Clay, mas não conseguiu formar as palavras para falar com seu ídolo. Um de seus amigos gritou por ele: "Ele quer ser como o senhor, mesmo sem saber ler".

Clay pegou um de seus cartazes, que tinha a palavra CLAY em letras garrafais. Olhou para Espy e disse: "Está vendo isso, rapaz?", apontando para uma letra. "É um A. Agora, você só tem mais vinte e cinco letras para aprender".

Espy tinha acabado de ser presenteado com o processo. Um ano depois, ele entrou para a faculdade.

Sei que parece quase simples demais. Mas imagine, por um segundo, um mestre praticando uma arte extremamente difícil e fazendo-a parecer fácil. Sem tensão, sem esforço. Tão relaxado. Sem afã ou preocupação. Só um inocente movimento após o outro. Esse é o resultado do processo.

Podemos canalizar isso também. Não precisamos nos atracar, como estamos tão inclinados a fazer quando alguma tarefa difícil está diante de nós. Lembra da primeira vez que você viu uma equação de álgebra difícil? Era uma miscelânea de símbolos e incógnitas. Mas aí você parou, respirou fundo e analisou. Você isolou as variáveis, solucionou-as, e o que restou foi a resposta.

Faça isso agora, com qualquer obstáculo com que você se deparar. Podemos respirar fundo, fazer a parte divisível, imediata, diante de nós – e seguir o fio até a próxima ação. Tudo em ordem, tudo conectado.

Quando se trata de nossas ações, distúrbio e distração são a morte. A mente desordenada perde o rastro do que está a sua frente – o que importa – e se distrai com pensamentos sobre o futuro. O processo é ordem, ele mantém nossas percepções em xeque e nossas ações em sincronia.

Parece óbvio, mas esquecemos isso quando é mais importante.

Agora mesmo, se eu o derrubasse e o pregasse no chão, como você reagiria? Provavelmente entraria em pânico. E usaria toda a sua força para se livrar de mim. Não funcionaria; usando apenas o peso do meu corpo, eu seria capaz de manter seus ombros grudados no chão com pouco esforço – e você ficaria exausto de lutar.

Esse é o oposto do processo.

Existe um modo bem mais fácil. Primeiro, você não entra em pânico, conserva sua energia. Não faz nenhuma besteira como se sufocar ao agir sem pensar. Você se concentra em não deixar as coisas ficarem pior. Aí você ergue os braços, para se reanimar e criar espaço para respirar. Agora se esforce para virar de lado. Dali você pode começar a desfazer meu controle sobre você: Agarre um braço, prenda uma perna, dê trancos com os quadris, deslize um joelho e se afaste.

Vai demorar um pouco, mas você vai se livrar. A cada etapa, a pessoa que está por cima é forçada a dar um salto, até não sobrar nada. Então, você está livre – graças ao processo.

Cair numa armadilha é apenas uma posição, não um destino. Você sai dela, dirigindo-se a cada uma das suas partes e eliminando-a por meio de pequenas e deliberadas ações – sem tentar (e fracassar) afastá-la com força sobre-humana.

Com nossos rivais nos negócios, queimamos os miolos pensando em algum novo produto atordoante que os tornará irrelevantes e, no processo, tiramos os olhos da bola. Relutamos em escrever um livro ou fazer um filme mesmo que seja o nosso sonho porque dá muito trabalho – não podemos imaginar como ir de um ponto a outro.

Quantas vezes nos acomodamos porque sentimos que a verdadeira solução é ambiciosa demais ou fora do nosso alcance? Quantas vezes supomos que a mudança é impossível por ser grande demais? Envolve muitos grupos diferentes? Ou, pior, quantas pessoas ficam paralisadas por todas as suas ideias e inspirações? Elas as perseguem e não chegam a lugar algum, distraindo-se e jamais avançando. Elas são brilhantes, seguras, mas raramente executam. Raramente chegam aonde querem e precisam ir.

Todas estas questões são solucionáveis. Cada uma viria abaixo com o processo. Erroneamente supomos que tem que acontecer de repente e desistimos só de pensar. Somos pensadores de A a Z, afligindo-nos com A, obsessivos com Z, mas esquecendo tudo a respeito de B até Y.

Queremos ter objetivos, sim, portanto, tudo o que fazemos pode ser a serviço de algo com um propósito. Quando sabemos o que estamos realmente nos dispondo a fazer, os obstáculos que surgem tendem a parecer menores, mais administráveis. Quando não sabemos, cada um deles surge maior e parece impossível. As metas ajudam a colocar os solavancos na devida proporção.

Quando nos distraímos, quando começamos a nos preocupar com algo que não o nosso próprio progresso e esforço, o processo é a voz útil, embora ocasionalmente mandona, na nossa cabeça. É o ladrar do líder sábio, mais velho, que sabe exatamente quem ele é e o que precisa fazer: *Cale-se. Volte ao seu posto e tente pensar no que vamos fazer nós mesmos em vez de se preocupar com o que está acontecendo lá fora. Você sabe qual é a sua tarefa. Pare de bater boca e vá trabalhar.*

O processo é a voz que exige que você assuma responsabilidade e propriedade. Isso nos incita a *agir* mesmo que apenas um pouco.

Como uma máquina incansável, subjugando a resistência de todos os modos que ela existe, pouco a pouco. Avançando, um passo de cada vez. Subordine a força ao processo. Substitua o medo pelo processo. Dependa dele. Apoie-se nele. Confie nele.

Vá devagar, não corra. Alguns problemas são mais difíceis do que outros. Lide primeiro com aqueles que estão bem a sua frente. Volte aos outros depois. Você chega lá.

O processo significa fazer as coisas certas, *agora mesmo.* Não se preocupar com o que pode acontecer depois, ou com os resultados, nem com o quadro geral.

Faça o seu trabalho, faça certo

O que for feito corretamente, mesmo que humilde, é nobre.
(*Quidris recte factum quamvis humile praeclarum.*)
– SIR HENRY ROYCE

Muito depois de seu humilde início, o presidente Andrew Johnson falaria com orgulho de sua carreira como alfaiate antes de entrar para a política. "Minhas roupas jamais rasgavam ou cediam", ele dizia.

Em suas trilhas de campanha, um sujeito metido certa vez tentou constrangê-lo aos gritos, falando sobre suas credenciais de classe operária. Johnson respondeu sem se perturbar: "Isso não me desconcerta nem um pouco; porque quando eu era alfaiate tinha fama de ser bom, de fazer cortes precisos, sempre pontual com meus clientes, sempre trabalhei bem."

Outro presidente, James Garfield, pagou seu curso na faculdade, em 1851, convencendo a escola, a Western Reserve Eclectic Institute, a deixá-lo ser zelador em troca da mensalidade escolar. Ele fazia seu trabalho todos os dias, sorrindo e sem um pingo de vergonha. Todas as manhãs, ele tocava o sino na torre da universidade para iniciar as aulas – seu dia já tendo começado fazia tempo – e caminhava a passos firmes para a aula, ansioso e cheio de disposição.

Apenas um ano depois de começar a estudar, ele era professor – ensinando em regime de carga horária integral, além dos seus estudos. Em seu vigésimo sexto aniversário, ele era decano.

É o que acontece quando você faz o seu trabalho – qualquer que ele seja – e faz bem.

Estes homens saíram da humilde pobreza até o poder, fazendo sempre o que lhe pediam – fazendo certo e com verdadeiro orgulho. E melhor do que qualquer outra pessoa. De fato, fazendo bem porque ninguém mais queria fazer.

Às vezes, na estrada para onde estamos indo ou para onde queremos ir, temos que fazer coisas que gostaríamos de não fazer. Muitas vezes estamos apenas começando, nossos primeiros empregos "apresente-nos à vassoura", como Andrew Carnegie era conhecido por dizer. Não há nada de vergonhoso em varrer. É apenas mais uma oportunidade para se distinguir – e aprender.

Mas você, você está ocupado demais pensando no futuro, não sente nenhum orgulho nas tarefas que lhe dão agora. Você simplesmente fala ao telefone, desconta seu cheque de pagamento e sonha com alguma posição melhor na vida. Ou pensa: *É só um emprego, não é quem eu sou, não tem importância.*

Tolice.

Tudo o que você faz é importante – seja preparando *smoothies* enquanto economiza dinheiro ou estuda para ser advogado –, mesmo depois de ter alcançado o sucesso que buscava. Tudo é uma chance de fazer e ser o melhor possível. Só idiotas egocêntricos pensam que são bons demais para o que for que a sua atual posição exigir.

Onde quer que estejamos, o que quer que façamos e para onde quer que estejamos indo, devemos a nós mesmos, à nossa arte, ao mundo, fazer isso bem. É nosso dever primordial. E nossa obrigação. Quando agir é nossa prioridade, a vaidade desaparece.

Um artista recebe muitas telas e encomendas diferentes durante a vida, mas o importante é que ele trate cada uma delas como prioridade. Seja a mais glamourosa ou a que pague melhor, isso é irrelevante. Cada projeto é importante, e a única parte degradante é dar menos do que se é capaz.

O mesmo vale para nós. Seremos e faremos muitas coisas em nossas vidas. Algumas de prestígio, algumas onerosas, nenhuma abaixo de nós. O que quer que enfrentemos, nossa tarefa é responder com:

dando duro

sendo honestos

ajudando os outros da melhor forma possível

Não devemos nunca nos perguntar: *Mas o que devo fazer agora?* Porque você sabe a resposta: o seu trabalho.

Se alguém nota, se somos pagos por isso, se o projeto acaba sendo um sucesso – não importa. Podemos e devemos sempre agir com essas três características – não importa o obstáculo.

Jamais haverá um obstáculo que possa nos impedir realmente de executar nossa obrigação – desafios mais difíceis ou mais fáceis, com certeza, mas jamais impossíveis. Todas as tarefas exigem o melhor de nós. Quer estejamos intimidados, enfrentando a falência e clientes irritados, ou acumulando dinheiro e decidindo como crescer a partir daqui, se fizermos o melhor podemos nos orgulhar de nossas escolhas e estar confiantes de que elas são as corretas. Porque fizemos o nosso trabalho – seja ele qual for.

Sim, sim, estou entendendo. "Obrigações" soa enfadonho e opressivo. Queremos ser capazes de fazer o que quisermos.

Mas o dever é belo, inspira e fortalece.

Steve Jobs se preocupava até com o interior de seus produtos, garantindo que os projetos fossem bonitos mesmo que os usuários nunca fossem vê-los. Aprendeu com o pai a pensar como um artesão – que dava acabamento até nos fundos de seus armários, ainda que ficassem escondidos contra a parede. Em todas as situações difíceis do projeto, Jobs conhecia suas ordens de comando: Respeite o ofício e faça algo belo.

Cada situação é diferente, é óbvio. Não estamos inventando o próximo iPad ou iPhone, mas estamos fazendo algo para alguém – mesmo que seja apenas o nosso próprio currículo. Todas as partes – especialmente o trabalho que ninguém vê, as coisas árduas que gostaríamos de evitar ou das quais poderíamos ter desviado – podemos tratar da mesma forma que Jobs: com orgulho e dedicação.

O grande psicólogo Viktor Frankl, sobrevivente de três campos de concentração, achava presunçosa a velha pergunta: "Qual é o sentido da vida?" Como se fosse responsabilidade de alguém lhe dizer. Pelo contrário, ele dizia, o mundo está fazendo a *você* essa pergunta. E é sua tarefa responder com ações.

Em todas as situações, a vida está nos fazendo a mesma pergunta, e nossas ações são a resposta. Nossa tarefa é simplesmente responder bem.

Ação correta – altruísta, dedicada, com autoridade, criativa – essa é a resposta para essa pergunta. É um modo de encontrar o sentido da vida. E de transformar cada obstáculo em oportunidade.

Se você vê qualquer destas coisas como um peso, está olhando para o lado errado.

Porque tudo que precisamos fazer são esses três pequenos deveres – nos esforçar, ser honestos e ajudar os outros e a nós mesmos. É só o que nos foi pedido. Nada mais, nada menos.

Com certeza, a meta é importante. Mas não se esqueça nunca de que cada caso individual também é importante – cada um é um instantâneo do todo. O todo não é certo, só os casos são.

Como você faz qualquer coisa é como você pode fazer tudo.

Podemos sempre agir corretamente.

O que é certo é o que funciona

O pepino é amargo? Então joga fora.
Há sarças no caminho? Então dá a volta.
É só o que você precisa saber.
– MARCO AURÉLIO

Em 1915, nas profundezas das matas da América do Sul, o crescente conflito entre duas companhias fruticultoras tornou-se crítico. Cada uma delas queria desesperadamente adquirir os mesmos cinco mil acres de terra valiosa.

O problema? Dois habitantes locais diferentes alegavam possuir a escritura da plantação. Na terra de ninguém entre Honduras e Guatemala, nenhuma das companhias era capaz de dizer quem era o proprietário de direito para que pudessem comprá-la.

Como cada um reagiu a este problema foi definido pela organização e o ethos de sua empresa. Uma era grande e poderosa, a outra era astuciosa e dissimulada. A primeira, uma das mais poderosas corporações dos Estados Unidos: United Fruit. A segunda, uma pequena iniciante de propriedade de Samuel Zemurray.

Para solucionar o problema, a United Fruit despachou uma equipe de advogados de alto nível. Eles partiram em busca de todos os arquivos e pedacinhos de papel no país, prontos a pagarem o que custasse para vencer. Dinheiro, tempo e recursos não eram empecilho.

Zemurray, o concorrente pequeno e sem educação, ficou em desvantagem, certo? Não podia entrar no jogo deles. Então, não entrou. Flexível, maleável e desafiador, ele simplesmente se encontrou em separado com ambos os supostos donos e comprou a terra de cada um deles. Pagou o dobro, sem dúvida, mas estava *terminado.* A terra era dele. Esqueça as regras, resolva a questão.

Isso é pragmatismo personificado. Não se preocupe com a maneira "correta", preocupe-se com a maneira *direta.* É assim que fazemos as coisas.

Zemurray sempre tratava os obstáculos assim. Quando lhe disseram que não podia construir a ponte que precisava sobre o rio Utila – porque os funcionários do governo tinham sido subornados por concorrentes para tornarem as pontes ilegais –, Zemurray mandou seus engenheiros construírem, em vez disso, dois longos píeres. E, no meio, chegando bem no centro do rio, eles avançaram um pontão temporário que podia ser montado e utilizado para conectá-los em questão de horas. Estradas de ferro corriam de cada lado das margens do rio, seguindo em direções opostas. Quando a United Fruit se queixou, Zemurray riu e respondeu: "Por quê? Não é ponte. São apenas dois pequenos cais velhos."

Às vezes, você faz isso *deste* modo. Às vezes, *daquele* modo. Não aplicando as táticas que aprendeu no colégio, mas adaptando-as para se encaixarem em todas as situações. De qualquer maneira que *funcione* – esse é o lema.

Passamos muito tempo pensando em como as coisas deveriam ser ou o que as regras dizem que devemos fazer. Tentando conseguir tudo perfeito. Dizemos a nós mesmos que vamos começar assim que as condições estiverem certas ou assim que pudermos confiar nisso ou naquilo. Quando realmente seria melhor concentrar-se em fazer o que se deve com aquilo que se tem. Concentrar-se nos resultados em vez de nos métodos bonitos.

Como dizem no jiu-jitsu brasileiro, não importa como você joga o adversário no chão, apenas que você o jogue.

O que Zemurray nunca perdia de vista era a missão: levar bananas para o outro lado do rio. Se era uma ponte ou dois píeres com uma doca no meio, não importava desde que levasse a carga para onde ela precisava ir. Quando ele queria plantar bananas numa plantação em particular, não era importante encontrar o proprietário de direito da terra – era *ser* o proprietário de direito.

Você tem a sua missão, qualquer que seja ela. Para realizá-la, como o resto de nós, você está na difícil situação entre como você deseja que as coisas fossem e como elas são realmente (o que sempre parece ser um desastre). Até onde você está disposto a ir? O que você está disposto a fazer a respeito?

Risque as queixas. Nada de indecisão. Nada de se submeter à impotência ou ao medo. Você não pode simplesmente correr para a casa da mamãe. Como vai solucionar o problema? Como vai contornar as regras que o detêm?

Talvez você precise ser um pouco mais malicioso ou conivente do que pareça confortável. Às vezes, isso exige ignorar algumas regras fora de moda ou pedir perdão à administração mais tarde em vez de permissão (que seria negada) agora. Mas, se você tiver uma missão importante, o que importa é que você a realize.

Aos 21 anos, Richard Wright não era o autor mundialmente famoso que viria a ser. Mas, pobre e negro, ele decidiu que ia aprender a ler e ninguém o podia impedir. Ele invadiu a biblioteca e fez um escândalo? Não, não na Jim Crow South. Pelo contrário, ele forjou um bilhete que dizia, "Querida Senhora: Poderia por gentileza deixar este menino negro levar alguns livros de HL Mencken?" (porque ninguém escreveria isso sobre si mesmo, certo?) e os retirou com um cartão da biblioteca roubado, fingindo que eram para outra pessoa.

Com riscos assim tão altos, é melhor você estar disposto a dobrar as regras ou fazer algo desesperado ou louco. Fazer fiau para as autoridades e dizer: *O quê? Isto não é uma ponte. Não sei do que vocês estão falando.* Ou, em alguns casos, mostrar o dedo médio para as pessoas que estão tentando detê-lo e dar um murro em suas regras malignas, nojentas.

Pragmatismo não é tanto realismo quanto flexibilidade. Existem muitas maneiras de ir de A a B. Não precisa ser uma linha reta. Só precisa levar você aonde precisa ir. Mas muitos de nós passam tanto tempo procurando a solução perfeita que deixam passar o que está bem a nossa frente.

Como Deng Xiaoping disse certa vez: "Não me importa se o gato é preto ou branco, desde que pegue ratos."

Os estoicos tinham o seu próprio lembrete: "Não vá esperando a República de Platão."

Porque você jamais vai encontrar esse tipo de perfeição. Pelo contrário, faça o melhor possível com o que você tem. Não que o pragmatismo esteja inerentemente em desacordo com idealismo ou jogando a bola para a frente. O primeiro iPhone foi revolucionário, mas ainda assim foi lançado sem uma característica copiar-e-colar ou várias outras que a Apple gostaria de ter incluído. Steve Jobs, o suposto perfeccionista, sabia que em algum momento você precisa fazer concessões. O importante era que você terminasse de fazer e *funcionasse.*

Comece a pensar como um pragmático radical: ainda ambicioso, agressivo e enraizado em ideais, mas também iminentemente prático e guiado pelo possível. Não pensar em tudo que você gostaria de ter, não pensar em mudar o mundo agora mesmo, mas sendo ambicioso o bastante para ter tudo de que você *precisa.* Não pense pequeno, mas faça a distinção entre o crítico e o extra.

Pense em progresso, não em perfeição.

Sob este tipo de força, os obstáculos se desmontam. Eles não têm escolha. Desde que você esteja dando a volta ou tornando-os irrelevantes, não há nada a que eles possam resistir.

Em louvor ao ataque de flanco

Quem não pode buscar o imprevisto não vê nada,
pois o caminho conhecido é um impasse.
– HERÁCLITO

A popular imagem de George Washington no folclore americano é de um general bravo e corajoso, elevando-se acima de tudo o que inspecionava, repelindo os ocupados e tirânicos britânicos. É claro que o verdadeiro retrato é um pouco menos glorioso. Washington não era um guerrilheiro, mas estava bem perto disso. Ele era astuto, evasivo, muitas vezes recusando-se a combater.

Seu exército era pequeno, mal treinado, mal suprido e frágil. Ele travava uma guerra principalmente de defesa, evitando grandes formações de tropas britânicas. Apesar de toda a retórica, a maioria das suas manobras eram alfinetadas contra um inimigo maior e mais forte. Ataca e foge correndo. Cutuca e muda de posição.

Nunca atacar onde é óbvio, Washington dizia aos seus homens. Não atacar como o inimigo esperaria, explicava. Pelo contrário, "Onde se suspeita haver pouco perigo, mais o inimigo estará despreparado e consequentemente há mais perspectiva de sucesso." Ele tinha uma forte noção de quais escaramuças insignificantes pareceriam grandes vitórias.

Sua mais contundente "vitória" não foi nem uma batalha direta com os britânicos. Pelo contrário, Washington, numa situação quase angustiante, cruzou o Delaware ao alvorecer do dia de Natal para atacar um grupo de mercenários alemães adormecidos, que podiam ou não estar bêbados.

Na verdade, ele era melhor recuando do que avançando – hábil em salvar tropas que, de outro modo, teriam se perdido na derrota. Washington raramente era apanhado numa armadilha – ele sempre tinha uma saída. Esperando simplesmente cansar o inimigo, sua atitude evasiva era uma poderosa arma – embora não necessariamente glamourosa.

Não surpreende, portanto, que, como general do Exército Continental e primeiro presidente do país, seu legado tenha sido camuflado e o tenham enfeitado um pouco. E ele não é o único general a quem os americanos deram este tratamento. O grande mito da história, propagado em filmes, contos e pela nossa própria ignorância, é que guerras são vencidas e perdidas por dois grandes exércitos batendo-se frente a frente. É uma dramática e corajosa noção – mas também muito, muito errada.

Num estudo de uns 30 conflitos, compreendendo mais de 280 campanhas das histórias antiga e moderna, o brilhante estrategista e historiador B. H. Liddell Hart chegou a uma assombrosa conclusão: em apenas seis das 280 campanhas, a vitória decisiva foi resultado de um ataque direto ao principal exército inimigo.

Apenas seis. Isso são 2%.

Se não em batalhas campais, onde encontramos a vitória?

Em todo lugar. Nos flancos. No inesperado. No psicológico. Tirando os adversários de suas defesas. No que não é tradicional. Em qualquer lugar *menos*...

Como Hart escreve em sua obra-prima *Strategy*:

> *O Grande Capitão usará até a mais arriscada abordagem indireta – se necessário sobre montanhas, desertos ou pântanos, com apenas uma fração das tropas, até mesmo com as comunicações cortadas. Enfrentando, de fato, todas as condições desfavoráveis em vez de aceitar o risco de imobilização provocada por uma abordagem direta.*

Quando você está se esforçando ao máximo, mas não sabe o que fazer, quando as pessoas lhe dizem que você parece que vai ter um infarto...

Dê um passo para trás e rodeie o problema. Encontre algum sistema de alavancas. Aproxime-se a partir do que se chama de "linha de menor expectativa".

Qual é o seu primeiro instinto diante de um desafio? Ser mais resistente do que a concorrência? Discutir com as pessoas numa tentativa de mudar opiniões há muito tempo sustentadas? Está tentando entrar sem pedir licença pela porta da frente? Porque a porta dos fundos, as laterais e as janelas podem ter ficado escancaradas.

Seja lá o que você estiver fazendo, vai ser mais difícil (para não dizer impossível) se o seu plano incluir desafiar a física ou a lógica. Em vez disso, pense em Grant percebendo que tinha que se desviar de Vicksburg – não atacar de frente – a fim de capturá-la. Pense no treinador do Corredor da Fama, Phil Jackson, e sua famosa ofensiva triangular, destinada a *afastar* automaticamente a bola de basquete da pressão defensiva em vez de atacá-la diretamente.

Se estamos começando do início e os jogadores habituais têm tempo para montar suas defesas, não há como possamos derrotá-los em seus pontos fortes. Portanto, é mais inteligente nem tentar, mas concentrar nossos limitados recursos em outro ponto.

Parte da razão pela qual uma certa habilidade muitas vezes parece tão fácil para os grandes mestres não é só porque eles dominaram o processo – eles realmente estão fazendo menos do que o resto de nós que não dominamos. Eles escolhem exercer apenas a força calculada onde ela será eficaz em vez de lutar e se debater com táticas de atrito inúteis.

Como alguém certa vez disse depois de lutar com Jigoro Kano, o lendário fundador do judô, de um metro e meio de altura: "Tentar lutar com Kano era como tentar lutar com um paletó vazio!"

Esse pode ser você.

Ser em menor número, vir por detrás, ter pouco dinheiro, estas situações não precisam ser desvantagens. Podem ser dádivas. Trunfos que nos tornam menos prováveis de cometer suicídio com um ataque frente a frente. Estas coisas nos forçam a ser criativos, a encontrar desvios, a sublimar o ego e a fazer qualquer coisa para vencer além de desafiar nossos inimigos onde eles são mais fortes. Estes são os sinais que nos dizem para abordar de um ângulo oblíquo.

De fato, ter a vantagem de tamanho, força ou poder é muitas vezes a origem de verdadeira ou fatal fraqueza.

A inércia do sucesso dificulta em muito o desenvolver de uma boa técnica. Pessoas ou empresas que têm a vantagem do tamanho nunca realmente precisam aprender o processo se foram capazes de progredir baseadas na força bruta. E isso funciona para elas... até deixar de funcionar. Até o encontrarem e você acabar com elas, com perícia e manobras oblíquas, quando você se recusar a enfrentá-las no único cenário que conhecem: frente a frente.

Estamos no jogo do pequeno derrotando o grande. Portanto, Força não pode tentar competir com Força.

Claro, quando forçado, o instinto natural é sempre forçar de volta. Mas as artes marciais nos ensinam que temos de ignorar este impulso. Não podemos empurrar de volta, temos que *puxar* até os adversários perderem o equilíbrio. Então, podemos avançar.

A arte da estratégia da porta lateral é um vasto espaço criativo. E não se limita à guerra, aos negócios ou às vendas.

O grande filósofo, Soren Kierkegaard, raramente procurava convencer as pessoas diretamente de uma posição de autoridade. Em vez de pregar um sermão, ele praticava o método que chamava de "comunicação indireta". Kierkegaard escrevia sob pseudônimos, nos quais cada personalidade falsa encarnava uma plataforma ou perspectiva diferente – escrevendo várias vezes sobre o mesmo tema, de múltiplos ângulos, para transmitir sua intenção de forma emotiva e dramática. Raramente ele dizia ao leitor "faça isso" ou "pense isso". Pelo contrário, ele *mostrava* novas maneiras de ver ou compreender o mundo.

Você não convence as pessoas desafiando suas mais antigas e firmes opiniões. Você encontra um lugar-comum e trabalha a partir daí. Ou procura um ponto de apoio para fazê-las escutar. Ou cria uma alternativa com tanto apoio de outras pessoas que a oposição voluntariamente abandona suas opiniões e passa para o seu lado.

O modo como isso funciona nem sempre é o que mais impressiona. Às vezes, até parece que você está tomando um atalho ou lutando injustamente. Há muita pressão para se tentar competir com as pessoas movimento a movimento, como se ficar com o que funciona para você seja de alguma forma trapacear. Deixe-me salvá-lo da culpa e do autoflagelo: não é.

Você está agindo como um verdadeiro estrategista. Não está simplesmente indo de um lado para o outro, esperando que funcione. Não está desperdiçando sua energia em batalhas movidas por ego e orgulho em vez de vantagem tática.

Acredite ou não, *esta* é a maneira mais difícil. Por isso funciona.

Lembre-se: às vezes, o caminho mais longo para casa é o mais curto.

Use obstáculos contra eles mesmos

Homens sábios são capazes de fazer
uso adequado até de seus inimigos.
– PLUTARCO

Gandhi não lutou pela independência da Índia. O Império Britânico foi responsável por todas as lutas – e por todas as perdas.

Isso foi intencional, claro. A extensa campanha satyagraha de Gandhi e a desobediência civil mostram que *ação* tem muitas definições. Não é sempre andar para a frente ou mesmo obliquamente. Pode também ser uma questão de posições. Pode ser uma questão de tomar uma posição firme.

Às vezes, você supera obstáculos não atacando, mas recuando e deixando que eles o ataquem. Você pode usar as ações dos outros contra eles próprios em vez de agir você mesmo.

Fraco em comparação com as forças que esperava mudar, Gandhi apoiou-se nessa fraqueza, exagerou-a, expôs-se. Disse ao exército de ocupação mais poderoso do mundo: *Estou marchando para o oceano para coletar sal em franca violação às suas leis.* Ele os estava provocando – *O que vocês vão fazer a respeito? Não há nada de errado no que estamos fazendo* – sabendo que isso colocava as autoridades num dilema impossível: imponha uma política de falência ou abdique. Dentro desse contexto, a enorme força dos militares é neutralizada. E seu próprio uso é contraprodutivo.

Seguindo o exemplo de Gandhi, Martin Luther King Jr. disse a seus seguidores que enfrentariam "força física com força espiritual". Em outras palavras, eles usariam o poder dos opostos. Diante da violência, seriam pacíficos, ao ódio, responderiam com amor – e, no processo, exporiam esses atributos como indefensáveis e malignos.

Opostos funcionam. A não ação pode ser ação. Ela usa o poder dos outros e nos permite absorver-lhes o poder como nosso. Deixe-os – ou o obstáculo – fazer o trabalho por nós.

Pergunte aos russos, que derrotaram Napoleão e os nazistas sem proteger rigidamente suas fronteiras, apenas recuando para o interior e deixando que o inverno fizesse o trabalho contra o inimigo, atolado em batalhas longe de casa.

Isso é uma ação? Pode apostar que sim.

Talvez seu inimigo ou obstáculo seja realmente insuperável – como foi para muitos destes grupos. Talvez, neste caso, você não tenha habilidade para vencer pelo atrito (persistência) ou não quer arriscar aprender agindo (repetição). Tudo bem. Você ainda está muito longe de precisar desistir.

Mas é hora de reconhecer que certa adversidade talvez seja impossível para você derrotar – por mais que tente. Em vez disso, é preciso encontrar um jeito de usar a adversidade, e sua *energia*, para ajudar você.

Antes da invenção da energia a vapor, os capitães dos barcos tinham um modo engenhoso de vencer as correntes perversamente fortes do rio Mississippi. Um barco subindo o rio puxava ao lado um barco pronto para descer o rio; depois de enrolar uma corda numa árvore ou pedra, os barcos se amarravam um ao outro. O segundo barco se soltava e deixava o rio levá-lo correnteza abaixo, arremessando como um estilingue o outro navio correnteza acima.

Portanto, em vez de lutar contra os obstáculos, encontre um jeito de *fazê-los se derrotarem.*

Existe uma famosa história de Alexandre, o Grande, fazendo exatamente isso – e foi a magistral utilização de um obstáculo contra ele mesmo que deu a quem observava o primeiro sinal de que o ambicioso adolescente poderia um dia conquistar o mundo. Quando jovem, ele treinou seu famoso cavalo Bucéfalo – aquele que nem seu pai, rei Felipe II da Macedônia, conseguiu dominar – cansando-o. Enquanto outros haviam tentado com força, chicotadas e cordas, só para serem derrubados, Alexandre conseguiu montando com agilidade e simplesmente mantendo-se ali até o cavalo se acalmar. Exausto, Bucéfalo não teve outra escolha senão se submeter à influência daquele cavaleiro. Alexandre montaria seu fiel cavalo nas batalhas pelos vinte anos seguintes.

Agora, e os seus obstáculos?

Sim, às vezes precisamos aprender com Amelia Earhart e agir. Mas temos que estar prontos para ver que a *contenção* pode ser a melhor atitude a tomar para nós. Às vezes na vida, você precisa ter paciência – esperar que obstáculos temporários fracassem. Deixe que dois egos em combate se entendam em vez de saltar imediatamente para a briga. Às vezes, um problema precisa *menos* de você – menos gente e ponto final – e nada mais.

Quando queremos demais as coisas, podemos ser nosso pior inimigo. Em nossa ansiedade, espanamos o próprio parafuso que queremos girar, tornando impossível jamais ter o que queremos. Giramos nossos pneus na neve ou na lama e cavamos um sulco mais profundo – de onde jamais conseguiremos escapar.

Ficamos tão cansados andando para a frente que esquecemos que existem outros caminhos para chegar aonde queremos ir. Não nos ocorre naturalmente que ficar parados – ou, em alguns casos, até recuar – talvez seja a melhor maneira de avançar. Simplesmente não faça nada, fique parado!

Forçamos e forçamos – para ter um aumento, um novo cliente, impedir alguma emergência de acontecer. De fato, a melhor maneira de ter o que queremos poderia ser reexaminar esses desejos em primeiro lugar. Ou poderia ser mirar em outra coisa totalmente diferente e usar o impedimento como uma oportunidade para explorar uma nova direção. Com isso, podemos acabar criando um novo negócio que substitua no todo a nossa renda insuficiente. Ou podemos descobrir que, ao ignorar clientes, atraímos mais – percebendo que eles querem trabalhar com alguém que não deseje tanto trabalhar com eles. Ou repensamos aquele desastre que temíamos (junto com todo mundo) e descobrimos um jeito de lucrar com ele quando e se acontecer.

Erramos ao presumir que avançar é a única maneira de progredir, o único modo de poder vencer. Às vezes, ficar parado, andar de lado ou para trás é, na verdade, a melhor maneira de eliminar o que bloqueia ou impede nosso caminho.

Existe uma certa humildade exigida na abordagem. Ela significa aceitar que o modo como você originalmente queria fazer as coisas não é possível. Você simplesmente não tem o talento para fazer aquilo do modo "tradicional". Mas e daí?

O que importa é se uma certa abordagem o leva aonde você quer ir. E, vamos deixar claro, usar obstáculos contra eles mesmos é muito diferente de não fazer nada. De fato, a resistência passiva é incrivelmente ativa. Mas essas ações vêm na forma de disciplina, autocontrole, destemor, determinação e ótima estratégia.

O grande estrategista Saul Alinski acreditava que se você "forçar bastante e bem fundo uma negativa, ela abrirá caminho para o lado oposto". Todo positivo tem o seu negativo. Todo negativo tem o seu positivo. A *ação* está em forçar – até o outro lado. *Tornando* um negativo em positivo.

Isso devia ser um grande alívio. Significa que pouquíssimos obstáculos são grandes demais para nós. Porque esta grandeza poderia ser, de fato, uma vantagem. Porque podemos usar essa grandeza contra o próprio obstáculo. Lembre-se, um castelo pode ser uma fortaleza intimidante, impenetrável, ou pode ser transformada numa prisão quando cercada. A diferença é simplesmente uma mudança na ação e na abordagem.

Podemos tirar vantagem das coisas que nos bloqueiam, deixando que façam o trabalho difícil para nós. Às vezes, isso significa deixar o obstáculo como ele é, em vez de tentar tanto mudá-lo.

Quanto mais Bucéfalo corria, mais rápido se cansava. Quanto mais violenta a reação da polícia à desobediência civil, mais simpática a causa se torna. Quanto mais eles lutam, mas fácil se torna. Quanto mais luta, menos você conseguirá (a não ser exaustão).

O mesmo acontece com nossos problemas.

Canalize suas energias

> Quando inevitavelmente em desacordo pelas circunstâncias, retorne de imediato para si mesmo e não perca o ritmo mais do que lhe for possível. Você terá uma melhor compreensão de harmonia se continuar voltando para ela.
>
> – MARCO AURÉLIO

Como um jogador de tênis, Arthur Ashe era uma bela contradição. Para sobreviver à segregação nas décadas de 1950 e 1960, ele aprendeu com seu pai a mascarar suas emoções e sentimentos na quadra. Nada de reagir, de se aborrecer com bolas perdidas e desfiar xingamentos. Certamente, como um jogador negro, ele não podia se dar o luxo de se exibir, comemorar ou até ser visto esforçando-se demais.

Seu verdadeiro modo e estilo de jogar era algo muito diferente. Toda a energia e emoção que tinha que reprimir era canalizada numa forma de jogar ousada e graciosa. Enquanto seu rosto era controlado, o corpo estava vivo – fluido, brilhante e por toda a quadra. Seu estilo é mais bem descrito no epíteto que ele criou para si mesmo: "fisicamente solto e mentalmente contido".

Para Arthur Ashe, esta combinação criava um jogo de tênis quase imbatível. Como pessoa, ele controlava suas emoções, mas, como jogador, era fanfarrão, ousado e calmo. Mergulhava nas bolas e aceitava – e fazia – os tipos de jogadas que deixavam os outros jogadores de boca aberta. E era capaz de fazer isso porque estava livre. Estava livre onde era importante: em seu interior.

Outros jogadores, livres para comemorar, livres para ter acessos de raiva ou fechar a cara para árbitros e adversários, nunca pareciam capazes de lidar com a pressão de partidas importantes como Ashe. Com frequência, o tomavam por um sujeito não humano, reprimido. Sentimentos precisam de uma válvula de escape, é claro, mas Ashe os usava como combustível para sua velocidade explosiva, seus *slams*, cortadas e mergulhos. No abandono com que jogava, não havia nada da tranquila prudência com que se controlava.

A adversidade pode endurecê-lo. Ou pode soltá-lo e torná-lo melhor – se você deixar.

Dê-lhe um novo nome e faça-lhe justiça, foi o que Ashe fez – como muitos outros atletas negros. O boxeador Joe Louis, por exemplo, sabia que os fãs do boxe branco racista não tolerariam um lutador negro emotivo, portanto, sublimava todas as demonstrações por trás de um rosto inexpressivo, de aço. Conhecido como Ring Robot (Robô do Ringue), ele intimidava enormemente os adversários, parecendo quase desumano. Ele pegou uma desvantagem e a transformou num trunfo inesperado no ringue.

Todos nós temos nossos limites para lidar – regras e normas sociais que somos obrigados a observar, mas que preferiríamos não ter. Códigos de vestuário, protocolos, procedimentos, obrigações legais e hierarquias na empresa que nos dizem como temos que nos comportar. Pense nisso demais e pode começar a parecer opressivo, até sufocante. Se não tivermos cuidado, é provável que isso nos tire do nosso jogo.

Em vez de ceder à frustração, podemos tirar vantagem. Isso pode energizar nossas ações, que, ao contrário da nossa disposição, tornam-se mais fortes e melhores quando soltas e ousadas. Enquanto os outros ficam obcecados em observar as regras, estamos sutilmente corroendo-as e subvertendo-as em nossa vantagem. Pense na água. Quando represada por um obstáculo feito pelo homem, ela não permanece simplesmente estagnada. Pelo contrário, sua energia é armazenada e utilizada, abastecendo as usinas de força que atravessam cidades inteiras.

Toussaint Louverture, o ex-escravo haitiano que virou general, deixou os inimigos franceses tão exasperados que certa vez eles observaram: *"Cet homme fait donc l'ouverture partout"*. ("Este homem faz abertura por toda a parte.") Ele era tão fluido, tão impossível de conter, que, na verdade, recebeu o sobrenome de Louverture, significando "a abertura". Faz sentido. Tudo em sua vida havia sido um obstáculo, mas ele transformou tantas de suas experiências quantas lhe foi possível em aberturas. Por que tropas, políticas, montanhas ou o próprio Napoleão teriam sido diferentes?

E, no entanto, ficamos arrasados quando o projetor de PowerPoint não funciona (em vez de colocá-lo de lado e fazer uma excitante palestra sem anotações). Incitamos fofocas com nossos colegas de trabalho (em vez de martelar alguma coisa produtiva em nossos teclados). Atuamos em vez de *agir*.

Mas pense num atleta "na caçapa", "na zona" ou "numa raia", e nos aparentemente insuperáveis obstáculos que enfrenta, a despeito do rosto sem expressão de esforço. Enormes déficits colapsam, cada passo ou tacada acerta o alvo pretendido, a fadiga se dissipa. Esses atletas poderiam ser impedidos de executar esta ou aquela ação, mas não de atingir suas metas. Fatores externos influenciam o caminho, mas não a direção: para a frente.

Que contratempos em nossas vidas poderiam resistir a essa maestria elegante, fluida e poderosa?

Para ser física e mentalmente solto não é preciso talento. Isso é apenas imprudência. (Queremos ação correta, não ação e *ponto final.*) Ser física e mentalmente tenso? Isso se chama ansiedade. Também não funciona. No final, rachamos. Mas relaxamento físico combinado com contenção mental? Isso é formidável.

É um poder que deixa malucos nossos adversários e concorrentes. Pensam que estamos brincando com eles. É enlouquecedor – como se não estivéssemos nem tentando, como se estivéssemos desligados do mundo. Como se fôssemos imunes a tensores externos e limitações vindo em direção a nossas metas.

Porque somos.

Aproveite a ofensiva

Os melhores homens não são aqueles que esperaram
por chances, mas os que as aproveitaram; assediaram a chance,
conquistaram a chance e fizeram dela o serviçal.

– E. H. CHAPIN

Na primavera de 2008, a candidatura à presidência de Barack Obama corria perigo. Um escândalo racial, envolvendo observações inflamadas de seu pastor, reverendo Jeremiah Wright, ameaçava sua campanha – rompendo o tênue elo que ele havia estabelecido entre eleitores negros e brancos num momento crítico nas primárias.

Raça, religião, demografia, controvérsia emulsificavam-se em uma coisa só. Era o tipo de desastre político a que campanhas políticas não sobrevivem, deixando a maioria dos candidatos tão paralisados de medo que eles adiam tomar uma atitude. Sua reação típica é esconder, ignorar, ofuscar ou se distanciar.

Seja lá o que se pense da política de Obama, não se pode negar o que aconteceu em seguida. Ele transformou um dos momentos mais fracos de sua campanha numa ofensiva surpresa.

Contra todos os conselhos e convenções, ele decidiu que agiria e que aquela situação negativa era, na verdade, um "momento de aprendizado". Obama canalizou a atenção e a energia girando em torno da controvérsia para atrair audiência nacional e falar diretamente para o povo americano sobre a questão divisória de raça.

Este discurso, conhecido hoje com o título "Uma União Mais Perfeita", foi um momento transformador. Em vez de se distanciar, Obama tratou de tudo diretamente. Ao fazer isso, ele não só neutralizou uma controvérsia potencialmente fatal como criou uma oportunidade para aproveitar a superioridade eleitoral. Absorvendo o poder dessa situação negativa, sua campanha foi instantaneamente impregnada de uma energia que a impeliu para a Casa Branca.

Se você pensa que basta tirar vantagem das oportunidades que surgem na sua vida, está longe da genialidade. Qualquer pessoa sensível pode fazer isso. O que você precisa é aprender a forçar para a frente exatamente quando todos a sua volta enxergam desastre.

É nos momentos aparentemente ruins, quando as pessoas menos esperam, que podemos agir rápida e inesperadamente para alcançar uma grande vitória. Enquanto outros estão embargados pela falta de coragem, nós não estamos. Vemos o momento diferente e agimos de acordo.

Ignore a política e concentre-se no brilhante conselho estratégico que o conselheiro de Obama, Rahm Emanuel, certa vez lhe deu. "Você não vai querer desperdiçar uma grave crise. As coisas que adiamos durante muito tempo, que eram de longo prazo, agora são imediatas e devem ser resolvidas. [Uma] crise proporciona a oportunidade para fazermos coisas que não se podia fazer antes."

Se você olhar a história, alguns de nossos maiores líderes usaram acontecimentos chocantes ou negativos para levar a cabo reformas muito necessárias que, de outra forma, teriam tido pouca chance de serem aprovadas. Podemos aplicar isso em nossas próprias vidas.

Você sempre planejou fazer alguma coisa. Escrever uma peça de teatro. Viajar. Abrir um negócio. Aproximar-se de um possível mentor. Lançar um movimento.

Bem, agora alguma coisa aconteceu – um evento destruidor como um fracasso, um acidente ou uma tragédia. *Use-a.*

Talvez você esteja preso na cama se recuperando. Bem, agora você tem tempo para escrever. Talvez suas emoções sejam esmagadoras e dolorosas, transforme-as em material. Você perdeu o emprego ou um relacionamento? Isso é terrível, mas agora pode viajar sem compromissos. Está tendo um problema? Agora você sabe exatamente sobre o que falar com aquele mentor. Aproveite este momento para usar o plano que há tempos está adormecido na sua cabeça. Toda reação química requer um catalisador. Que este seja o seu.

Pessoas comuns se retraem diante de situações negativas, assim como fazem com o fracasso. Elas fazem o possível para evitar problemas. O que pessoas excepcionais fazem é o oposto. Elas são ótimas nessas situações. Transformam tragédia pessoal ou azar – realmente qualquer coisa, tudo – em vantagem.

Mas e esta crise diante de você? Você a está desperdiçando, sentindo pena de si mesmo, cansado ou desapontado. Você esquece: a vida faz prosperar o ousado e favorece o corajoso.

Nós nos sentamos aqui e nos queixamos de que não nos estão dando oportunidades ou chances. Mas estão.

Em certos momentos em nossas breves existências, enfrentamos grandes provações. Muitas vezes, elas são frustrantes, infelizes ou injustas. Parecem vir exatamente quando pensamos que menos precisamos delas. A questão é: a aceitamos como um evento exclusivamente negativo ou podemos passar por qualquer negatividade ou adversidade que ela represente e montar uma ofensiva? Ou, mais precisamente, podemos ver que este "problema" apresenta a oportunidade para uma solução que há muito esperávamos?

Se você não aproveitar, a responsabilidade é sua.

Napoleão descreveu a guerra em termos simples: Dois exércitos são dois corpos que se debatem e tentam assustar um ao outro. No impacto, há um momento de pânico e é *esse momento* que o comandante superior transforma em vantagem.

Rommel, por exemplo, ficou famoso por seu Fronterführing, seu sexto sentido para o ponto decisivo na batalha. Ele tinha uma aguçada habilidade para sentir – mesmo no calor do momento – o exato instante quando partir para a ofensiva seria mais eficaz. Era o que lhe permitia, repetida e muitas vezes, inacreditavelmente, arrancar a vitória das mandíbulas da derrota. Onde outros viam desastre ou, na melhor das hipóteses, simplesmente o barulho e a poeira habituais de uma batalha, Rommel percebia oportunidades. "Me é dado", ele dizia, "sentir onde o inimigo é fraco". E, baseado nestes sentimentos, ele atacaria com cada milésimo de sua energia. Controlando o tempo e jamais desistindo.

Grandes comandantes procuram pontos decisivos. Pois são as explosões de energia direcionadas a pontos decisivos que escancaram as coisas. Eles pressionam, pressionam, pressionam e, então, exatamente quando a situação parece irremediável – ou, mais provável, irremediavelmente num beco sem saída – eles pressionam mais uma vez.

Em muitas batalhas, como na vida, as duas forças opostas, com frequência, chegam a um ponto de mútua exaustão. É aquele que, depois de um longo dia de lutas e duelos, em vez de recuar, se levanta na manhã seguinte – aquele que diz: *Pretendo atacar e fustigá-los aqui mesmo e agora* –, que levará a vitória para casa... inteligentemente.

Foi o que Obama fez. Sem se esquivar, sem ceder à exaustão apesar do longo empate nas primárias. Mas duelando até o último momento. Transcendendo o desafio, reestruturando-o e triunfando como resultado. Ele transformou um feio incidente nesse "momento educativo" e em um dos mais profundos discursos sobre raça da nossa história.

O obstáculo não só é virado de cabeça para baixo, mas usado como catapulta.

Prepare-se para que nada disso funcione

Enquanto isso, agarre-se com unhas e dentes
à seguinte regra: não ceda à adversidade, não confie na
prosperidade e sempre preste bem atenção no hábito
do destino de se comportar como lhe agrada.

– SÊNECA

Percepções podem ser administradas. Ações podem ser direcionadas.

Podemos sempre pensar com clareza, reagir criativamente. Procure oportunidades, aproveite a iniciativa.

O que não podemos fazer é controlar o mundo a nossa volta – não tanto quanto gostaríamos. Podemos perceber bem as coisas, depois agir corretamente e falhar mesmo assim.

Pense nisso dessa forma: nada jamais pode nos impedir de tentar. Jamais.

Criatividade e dedicação à parte, depois de termos tentado, *alguns* obstáculos podem se revelar impossíveis de superar. Algumas ações se tornam impossíveis, alguns caminhos, intransitáveis. Algumas coisas são maiores do que nós.

Isso não é necessariamente uma coisa ruim. Porque podemos virar esse obstáculo de cabeça para baixo, usando-o simplesmente como uma oportunidade para praticar alguma outra virtude ou habilidade – mesmo se for apenas aprendendo a aceitar que coisas ruins acontecem ou praticando a humildade.

É uma fórmula infinitamente elástica: Em todas as situações, o que bloqueia o nosso caminho na verdade apresenta um novo caminho com uma nova parte de nós. Se alguém que você ama o magoa, existe uma chance de praticar o perdão. Se seu negócio fracassa, você pode praticar a aceitação. Se não tem nada mais que você possa fazer para si mesmo, pelo menos pode tentar ajudar os outros.

Problemas, como Duke Ellington disse certa vez, são uma chance de darmos o melhor de nós mesmos.

Só o melhor. Não o impossível.

Devemos estar dispostos a lançar os dados e perder. Prepare-se, no fim do dia, para nada disso funcionar.

Qualquer um em busca de uma meta enfrenta isso repetidas vezes. Às vezes, por mais que se planeje, por mais que se pense – não importa o quanto tentemos ou pacientemente persistamos –, nada vai mudar o fato de que certas coisas apenas não vão funcionar.

O mundo poderia usar menos mártires.

Está em nós sermos o tipo de pessoa que tenta realizar as coisas, tentar com tudo o que temos e, seja qual for o veredicto, estar prontos para aceitá-las imediatamente e passar para o que vier em seguida.

Esse é você? Porque pode ser.

PARTE III

VONTADE

O QUE É VONTADE? Vontade é o nosso poder interior, que jamais pode ser afetado pelo mundo exterior. É o nosso trunfo final. Se ação é o que fazemos quando ainda temos alguma influência sobre nossa situação, vontade é do que dependemos quando a influência desapareceu. Colocados numa situação que parece imutável e inegavelmente negativa, podemos transformá-la numa experiência de aprendizado, numa experiência de humildade, numa chance de proporcionar conforto aos outros. Isso é *força* de vontade. Mas ela precisa ser cultivada. Devemos nos preparar para a adversidade e para a agitação, devemos aprender a arte da aquiescência e a praticar o bom humor mesmo em épocas sombrias. Com muita frequência, as pessoas acham que vontade é quando se quer muito uma coisa. Na verdade, a vontade tem muito mais a ver com rendição do que com força. Tente "se Deus *quiser*" sobre "a vontade de vencer" ou "disposto a existir", pois mesmo esses atributos podem ser rompidos. Verdadeira vontade é tranquila humildade, resistência e flexibilidade; outro tipo de vontade é fraqueza disfarçada de rompantes e ambição. Veja o que dura mais sob os obstáculos mais difíceis.

A disciplina da vontade

Porque ele havia se tornado mais mito do que homem, a maioria das pessoas não sabia que Abraham Lincoln lutou a vida inteira contra uma frustrante depressão. Conhecida na época como melancolia, sua depressão era com frequência debilitante e profunda – quase o levando ao suicídio em duas ocasiões distintas.

Sua queda por piadas e humor lascivo, pela qual achamos mais agradável lembrar dele, foi de muitas maneiras o oposto do que a vida deve ter lhe parecido durante seus momentos mais sombrios. Embora pudesse ser leve e alegre, Lincoln sofria períodos de intenso mau humor, isolamento e dor. Internamente, ele lutava para administrar uma pesada carga, que muitas vezes parecia impossível de suportar.

A vida de Lincoln foi definida por uma grande dificuldade, contínua e transcendente. Crescendo na pobreza rural, perdendo a mãe ainda criança, autodidata, aprendendo sozinho as leis, perdendo a mulher que amava quando rapaz, praticando Direito numa pequena cidade do interior, experimentando múltiplas derrotas nas urnas em sua passagem pela política e, é claro, crises de depressão, que na época não eram compreendidas nem avaliadas como doença. Tudo isso eram empecilhos que Lincoln reduzia com uma espécie de encorajante e graciosa ambição, sorridente e terna resignação.

Os desafios pessoais de Lincoln tinham sido tão intensos que ele chegou a acreditar que de algum modo lhe eram destinados, e que a depressão, especialmente, era uma experiência única que o preparava para coisas maiores. Ele aprendeu a suportar, a articular e a encontrar benefícios e sentido em tudo isso. Compreender isso é a chave para compreender a grandeza do homem.

Durante a maior parte da carreira política de Lincoln, a escravidão foi uma nuvem escura que pendia sobre toda a nação, uma nuvem que pressagiava uma terrível tempestade. Uns fugiam dela, outros se resignavam ou se tornavam apologistas, a maioria supunha que significasse o rompimento permanente da União – ou, pior, o fim do mundo como o conheciam.

Aconteceu que todas as qualidades produzidas pela jornada pessoal de Lincoln foram exatamente o necessário para liderar uma nação pela sua própria jornada e provação. Ao contrário de outros políticos, ele não foi tentado a se perder em conflitos mesquinhos e distrações. Não podia ser sanguíneo, não podia encontrar o ódio em seu coração, como os outros tinham. Sua própria experiência com o sofrimento o levava à compaixão, a mitigá-lo nos outros. Era paciente porque sabia que coisas difíceis tomavam tempo. Acima de tudo, ele encontrou propósito e alívio numa causa maior do que ele mesmo e suas lutas pessoais.

A nação precisava de um líder de magnanimidade e força de propósito – e o encontrou em Lincoln, um novato na política que, não obstante, era um especialista maduro em questões de vontade e paciência. Tais atributos nasceram de sua própria "severa experiência", como ele chamou muitas vezes, e essas características eram representativas de uma singular habilidade para liderar a nação por uma de suas mais difíceis e dolorosas provações: a Guerra Civil.

Por mais astuto, ambicioso e inteligente que ele fosse, a verdadeira força de Lincoln era a sua vontade: a maneira como era capaz de se resignar a uma tarefa onerosa sem ceder à falta de esperança, o modo como podia conter tanto humor quanto seriedade mortal, como podia usar sua própria agitação secreta, como era capaz de alçar-se sobre o tumulto e ver a política *filosoficamente*. "Isso também passará" era a frase favorita de Lincoln, que ele disse certa vez se aplicar a qualquer situação em que alguém pudesse se encontrar.

Para conviver com a depressão, Lincoln havia desenvolvido uma fortaleza interior que o cercava. E, em 1861, ela novamente lhe deu o que ele precisava para suportar e lutar em meio à guerra que estava para começar. Durante quatro anos, a guerra se tornaria quase incompreensivelmente violenta, e Lincoln, que de início havia tentado impedi-la, lutaria para vencê-la justamente e no final tentar terminá-la sem "rancor por ninguém". O almirante David Porter, que estava com Lincoln em seus últimos dias, o descreveu como se ele "parecesse pensar apenas que tinha um desagradável dever a cumprir" e se dispôs a "cumpri-lo o mais suavemente possível".

Devemos nos considerar com sorte por jamais experimentarmos tal provação, ou sermos exigidos, como Lincoln tinha sido, a suportar e ser capazes de usar de nosso infortúnio pessoal a fim de superá-la. Mas certamente podemos e devemos aprender com sua postura e coragem.

Lucidez e ação nem sempre bastam, seja na política, seja na vida. Alguns obstáculos estão além de um estalar de dedos ou de uma nova solução. Nem sempre é possível para um homem livrar o mundo de um grande mal ou impedir um país inclinado para o conflito. Tentamos, claro, porque isso *pode* acontecer. Mas devemos estar prontos para que não aconteça. E precisamos ser capazes de encontrar um propósito maior nesse sofrimento e lidar com ele com firmeza e paciência.

Este era Lincoln: sempre pronto com uma nova ideia ou uma abordagem inovadora (fosse enviando um barco de suprimentos em vez de reforços para as tropas sitiadas em Fort Sumter ou cronometrando a Proclamação de Emancipação com uma vitória da União em Antietam, para apoiá-la com a aparência de força), mas igualmente preparado para o pior. E preparado para extrair o melhor do pior.

Liderança requer determinação e energia. E certas situações, às vezes, pedem líderes para disciplinar esta determinada energia simplesmente para que perdure. Para proporcionar força em épocas terríveis. Devido ao que Lincoln tinha passado, devido ao que havia lutado e aprendido a enfrentar em sua própria vida, ele era capaz de liderar. Manter unidos uma nação, uma causa, um esforço.

Esta é a avenida para a disciplina final: a Vontade. Se Percepção e Ação foram as disciplinas da mente e do corpo, então a Vontade é a disciplina do coração e da alma. A vontade é a única coisa que *nós* controlamos totalmente, sempre. Enquanto eu posso *tentar* mitigar percepções danosas e aplicar 100% da minha energia em ações, essas tentativas podem ser contrariadas ou inibidas. Minha vontade é diferente, porque está dentro de mim.

Vontade é firmeza e sabedoria – não apenas quando se trata de obstáculos específicos mas quando se trata da própria vida e de onde os obstáculos que estamos enfrentando se encaixam. Ela nos dá força absoluta. Como em: força para resistir, contextualizar e derivar significado dos obstáculos que não podemos simplesmente superar (que, como acontece, é o jeito de inverter o irreversível).

Mesmo em sua própria época, os contemporâneos de Lincoln se maravilhavam com a calma, a gravidade e a compaixão do homem. Hoje, essas qualidades parecem quase divinas – quase sobre-humanas. Sua noção do que precisava ser feito o distinguia. Como se ele estivesse acima ou além das amargas divisões que derrubavam qualquer um. Como se ele fosse de outro planeta.

De certa forma, ele era. Ou pelo menos havia viajado de algum lugar muito distante, algum lugar bem no fundo dele mesmo, de onde outros não haviam vindo. Escolado em sofrimento, para citar Virgílio, Lincoln aprendeu "a confortar aqueles que também sofrem". Isso também faz parte da vontade – pensar nos outros, fazer o melhor de uma situação terrível que tentamos evitar mas não conseguimos, lidar com o destino com entusiasmo e compaixão.

As palavras de Lincoln chegavam aos corações das pessoas porque vinham do coração dele, porque ele tinha acesso a uma parte da experiência humana de que muitos haviam se isolado. Sua dor pessoal era uma vantagem.

Lincoln era forte e decidido como líder. Mas também personificava a máxima estoica: *sustine et abstine*. Sustenta e abstém. Reconheça o sofrimento, mas vá em frente em sua tarefa. Tivesse a guerra durado mais, Lincoln continuaria liderando seu povo. Tivesse a União perdido a Guerra Civil, ele saberia que tinha feito o possível na busca da vitória. Mais importante, se Lincoln tivesse sido derrotado, estava preparado para quais fossem as consequências resultantes com dignidade, força e coragem. Dando um exemplo para os outros, na vitória ou na derrota – a que ocorresse.

Com toda a nossa moderna tecnologia, veio a ilusão presunçosa de que controlamos o mundo ao nosso redor. Estamos convencidos de que podemos agora, finalmente, controlar o incontrolável.

Claro que isso não é verdade. É muito improvável que um dia nos livremos de todas as partes desagradáveis e imprevisíveis da vida. Basta olhar a história para ver como o mundo pode ser aleatório, imperfeito e terrível. O incompreensível acontece o tempo todo.

Certas coisas na vida o cortarão ao meio como uma faca. Quando isso acontece – nesse momento de exposição –, o mundo tem um vislumbre do que realmente está dentro de você. Então, o que será revelado quando você for fatiado pela tensão e pela pressão? Ferro? Ar? Ou *conversa fiada*?

Como tal, a vontade é a terceira disciplina crítica. Podemos pensar, agir e finalmente nos *ajustar* a um mundo que é inerentemente imprevisível. A vontade é o que nos prepara para isso, nos protege e nos permite prosperar e ser feliz apesar disso. É também a mais difícil de todas as disciplinas. É o que nos permite permanecer imperturbável enquanto outros definham e cedem à desordem. Confiante, calmo, pronto para trabalhar independentemente das condições. *Querendo* e sendo capaz de continuar, mesmo durante o impensável, mesmo quando nossos piores pesadelos se tornaram realidade.

É muito mais fácil controlar nossas percepções e emoções do que desistir do nosso desejo de controlar as outras pessoas e acontecimentos. É mais fácil persistir em nossos esforços e ações do que suportar o que é desconfortável ou doloroso. É mais fácil pensar e agir do que praticar sabedoria.

Estas lições são duras, mas, no final, são as mais críticas para tirar vantagem da adversidade. Em todas as situações, podemos

Sempre nos preparar para tempos mais difíceis.

Sempre aceitar o que somos incapazes de mudar.

Sempre administrar nossas expectativas.

Sempre perseverar.

Sempre aprender a amar o nosso destino e o que nos acontece.

Sempre proteger o nosso eu interior, recuar para dentro de nós mesmos.

Sempre nos submeter a uma causa maior, mais ampla.

Sempre nos lembrar da nossa própria mortalidade.

E, é claro, nos prepararmos para iniciar o ciclo mais uma vez.

Construa a sua cidadela interior

Se te mostras fraco no dia da angústia,
tua força é pequena.
– PROVÉRBIOS 24:10

Aos 12 anos, Theodore Roosevelt havia passado quase todos os dias da sua breve vida lutando com uma horrível asma. Apesar do berço privilegiado, sua vida pendia num equilíbrio precário – seus ataques eram uma experiência próxima da morte quase todas as noites. Alto, desengonçado e frágil, o menor esforço perturbava todo seu equilíbrio e o deixava preso à cama por semanas.

Um dia, seu pai entrou em seu quarto e deu uma notícia que mudaria a vida do menino: "Theodore, você tem a mente, mas não tem o corpo. Vou lhe dar as ferramentas para fazer seu corpo. Vai ser muito trabalhoso e penso que você tem determinação para vencer."

Você pensaria que isso não teria efeito sobre uma criança, especialmente uma criança frágil, nascida em grande riqueza e status. Mas, segundo a irmã mais nova de Roosevelt que testemunhou a conversa, teve. Usando a animada firmeza de caráter que se tornaria sua marca registrada, sua resposta foi olhar para o pai e dizer com determinação: "*Eu farei o meu corpo*".

No ginásio que o pai construiu no pátio do segundo andar, o jovem Roosevelt passou a se exercitar febrilmente, todos os dias, durante os cinco anos seguintes, lentamente formando músculos e fortalecendo a parte superior de seu corpo contra os pulmões fracos e para o futuro. Aos 20 e poucos anos, a batalha contra a asma estava essencialmente vencida; ele havia trabalhado (quase literalmente) para tirar a fraqueza do corpo.

Essa ginástica preparou um menino de físico fraco, mas inteligente para o curso extraordinariamente desafiador no qual a nação e o mundo estavam para embarcar. Era o início de sua preparação e realização para o que ele chamaria de "a Extenuante Vida".

E, para Roosevelt, a vida jogou-lhe muita coisa em cima: ele perdeu a esposa e a mãe em rápida sucessão, enfrentou inimigos políticos entrincheirados, poderosos, que desprezavam sua agenda progressiva, foi vencido nas eleições, a nação estava envolvida em guerras estrangeiras, e ele sobreviveu a tentativas quase fatais de assassinato. Mas estava equipado para tudo isso por causa de seu treinamento quando jovem e porque o manteve todos os dias.

Você está igualmente preparado? Poderia se controlar se as coisas de repente *piorassem*?

Achamos natural a fraqueza. Supomos que como nascemos é como simplesmente somos, que nossas desvantagens são permanentes. E que nos atrofiamos a partir daí.

Essa não é necessariamente a melhor receita para as dificuldades da vida.

Nem todos aceitam um mau início na vida. Refazem seus corpos e suas vidas com atividades e exercícios. Preparam-se para o caminho difícil. E esperam nunca ter que caminhar por ele? Com certeza. Mas estão preparados para isso de qualquer forma.

Você está?

Ninguém nasceu com uma espinha de aço. Temos que forjá-la nós mesmos.

Moldamos a nossa força espiritual pelo exercício físico, e nossa robustez física pela prática mental (*mens sana in corpore sano* – mente sã num corpo são).

Esta abordagem data desde os antigos filósofos. Cada fragmento da filosofia que desenvolveram tinha a intenção de reformar, preparar e fortificá-los para os desafios que teriam pela frente. Muitos se viam como atletas mentais – afinal de contas, o cérebro é um músculo como qualquer outro tecido. Pode ser desenvolvido e tonificado com os exercícios corretos. Com o tempo, sua memória muscular cresceu a ponto de poder intuitivamente reagir a todas as situações. Especialmente obstáculos.

Dizem que os judeus, privados de um lar estável por tanto tempo, seus templos destruídos e suas comunidades na Diáspora, foram obrigados a se reconstruir, não fisicamente, mas no interior de suas mentes. O templo tornou-se um templo metafísico, localizado independentemente na mente de cada crente. Cada um – onde quer que estivesse disperso ao redor do mundo, qual fosse a perseguição ou dificuldade que enfrentasse – podia recorrer a ele em busca de força e segurança.

Considere a frase do Haggadah: "Em todas as gerações, uma pessoa é obrigada a se ver como se fosse aquela que saiu do Egito".

Durante a refeição de Páscoa dos judeus, o cardápio são ervas amargas e pão ázimo – "o pão da aflição". Por quê? De certo modo, isso explora a coragem que sustentou a comunidade por gerações. O ritual não só comemora e homenageia as tradições judaicas, mas incita aqueles que participam do banquete a visualizar e possuir a força que os tem mantido em atividade.

Isso é surpreendentemente semelhante ao que os estoicos chamavam de Cidadela Interior, a fortaleza que temos dentro de nós, que nenhuma adversidade externa jamais pode derrubar. Uma importante advertência é de que não nascemos com essa estrutura; ela precisa ser construída e ativamente reforçada. Durante os bons tempos, nós nos fortalecemos e o nosso corpo para que durante os tempos de dificuldade possamos depender dele. Protegemos nossa fortaleza interior para que ela possa nos proteger.

Para Roosevelt, a vida era como uma arena e ele um gladiador. A fim de sobreviver, ele precisava ser forte, resistente, corajoso, pronto para qualquer coisa. E ele estava disposto a arriscar grandes danos pessoais e gastar quantidades enormes de energia para desenvolver essa firmeza.

Você terá muito mais sorte se fortalecendo do que jamais terá tentando brigar com um mundo que – na melhor das hipóteses – é indiferente à sua existência. Quer tenhamos nascido fracos como Roosevelt ou estejamos atualmente experimentando bons tempos, devemos sempre nos preparar para quando as coisas piorarem. Do nosso próprio jeito, em nossa própria luta, estamos na mesma posição em que estava Roosevelt.

Ninguém nasceu gladiador. Ninguém nasceu com uma Cidadela Interior. Se vamos ter sucesso em alcançar nossas metas apesar dos obstáculos que possam surgir, é preciso construir esta força de vontade.

Para ser excelente em alguma coisa é preciso prática. Obstáculos e adversidade não são diferentes. Embora fosse mais fácil nos recostar e curtir uma confortável vida moderna, o lado positivo da preparação é que não estamos dispostos a perder tudo isso – muito menos nossas cabeças – quando alguém ou alguma coisa de repente atrapalha os nossos planos.

É quase um clichê, mas a observação de que o modo de reforçar uma arcada é colocar-lhe peso – porque ele une as pedras, e apenas com tensão a arcada mantém o peso – é uma grande metáfora.

O caminho da menor resistência é um terrível professor. Não podemos nos dar o luxo de recuar das coisas que nos intimidam. Não precisamos achar natural nossas fraquezas.

Você se sente bem sozinho? É forte o suficiente para seguir por mais uns poucos *rounds* se for necessário? Sente-se confortável diante de desafios? A incerteza o incomoda? Como é sentir-se pressionado?

Porque essas coisas *vão* lhe acontecer. Ninguém sabe quando ou como, mas é certo que vão aparecer. E a vida vai exigir uma resposta. Você mesmo escolhe isso, uma vida fazendo coisas. Agora é melhor estar preparado para o que isso acarreta.

É o revestimento de sua armadura. Ela não o torna invencível, mas ajuda a prepará-lo quando a sorte muda... e ela sempre muda.

Previsão
(pensando negativamente)

Ofereça uma garantia e o desastre ameaça.
– ANTIGA INSCRIÇÃO NO ORÁCULO DE DELFOS

Uma executiva convoca sua equipe à sala de reuniões na véspera do lançamento de uma importante iniciativa. Eles entram em fila e sentam-se ao redor da mesa. Ela chama a atenção das pessoas e começa: "Tenho más notícias. O projeto fracassou espetacularmente. Digam-me o que deu errado?"

O quê? Mas ainda nem lançamos...

Esse é o objetivo. A executiva está forçando um exercício de compreensão tardia – antecipadamente. Ela está usando uma técnica projetada pelo psicólogo Gary Klein, conhecida como um *pre-mortem*.

Numa *post-mortem*, os médicos se reúnem para examinar as causas da morte inesperada de um paciente para que possam aprender e aperfeiçoar-se para a próxima vez que surgir um caso semelhante. Fora do mundo médico, damos a isso inúmeros nomes – instruções posteriores, entrevista de saída, reunião de encerramento, revisão – mas seja lá como for chamada, a ideia é a mesma: estamos examinando o projeto com uma percepção tardia, depois que lhe aconteceu.

Uma *pre-mortem* é diferente. Nela, procuramos visualizar antecipadamente o que poderia dar errado, o que vai dar errado, antes de começar. Muitíssimos empreendimentos ambiciosos fracassam por motivos previsíveis. Um número enorme de pessoas não possui um plano de reserva porque se recusa a considerar que alguma coisa pode não sair exatamente como deseja.

Seu plano e como as coisas resultam raramente se parecem. O que você acha que merece também raramente é o que você recebe. Mas constantemente negamos o fato e repetidas vezes ficamos chocados pelos acontecimentos no mundo à medida que eles se desenrolam.

É ridículo. Pare de se colocar para uma queda.

Ninguém disse isso melhor do que Mike Tyson, que, ao refletir sobre o colapso de sua fortuna e fama, disse a um repórter: "Se você não for humilde, a vida vai lhe impor a humildade."

Se apenas mais gente tivesse pensado em cenários piores, em momentos críticos de nossas vidas, a bolha tecnológica, Enron, o 11 de setembro, a invasão do Iraque e a bolha imobiliária poderiam ter sido evitadas. Ninguém queria considerar o que poderia acontecer, e qual foi o resultado? Catástrofe.

Hoje, a *pre-mortem* é cada vez mais popular nos círculos empresariais, desde as novatas até as 500 companhias da *Fortune* e da *Harvard Business Review*. Mas, como todas as grandes ideias, na verdade não é nenhuma novidade. O crédito é dos estoicos. Eles tinham um nome melhor: *premeditatio malorum* (premeditação de males).

Um escritor como Sêneca começaria revendo ou ensaiando seus planos, digamos, de viajar. E então repassaria, em sua cabeça (ou escrevendo), o que poderia dar errado ou como impedir isso de acontecer: uma tempestade podia cair, um capitão podia adoecer, o navio podia ser atacado por piratas.

"Nada acontece ao homem sábio contrário às suas expectativas", escreveu a um amigo. "... nem todas as coisas resultam para ele como desejava, mas sim como supunha – e, acima de tudo, ele supunha que alguma coisa podia impedir seus planos".

Sempre preparado para a obstrução, sempre incorporando essa obstrução a seus planos. Pronto, como dizem, para a derrota ou para a vitória. E, sejamos honestos, uma surpresa agradável é bem melhor do que uma desagradável.

E se...

Então, eu...

E se...

Em vez disso, eu simplesmente...

E se...

Não tem problema, podemos sempre...

E, no caso em que nada pode ser feito, os estoicos usariam isso como uma importante prática para fazer algo que o resto de nós, com muita frequência, deixa de fazer: administrar expectativas. Porque, às vezes, a única resposta a "E se..." é: *Vai ser uma droga, mas ficaremos bem.*

Nosso mundo é governado por fatores externos. Promessas não são mantidas. Você nem sempre recebe o que é seu de direito, mesmo que tenha merecido. Nem tudo é limpo e honesto como os jogos que se praticam na escola de comércio. Esteja preparado para isso.

Você tem que fazer concessões para o mundo que o cerca. Você depende das outras pessoas. Nem todo o mundo pode ser confiável como você (embora, sejamos sinceros, às vezes somos nossos piores inimigos). E isso significa que as pessoas vão cometer erros e estragar nossos planos – nem sempre, mas muitas vezes.

Se isso surge sempre como uma constante surpresa, você não vai apenas se sentir infeliz, vai ter muito mais dificuldade em aceitar e passar para as tentativas número dois, três e quatro. A única garantia, sempre, é a de que *as coisas vão dar errado.* A única coisa que podemos usar para mitigar isso é a previsão. Porque a única variável que controlamos totalmente é a nós mesmos.

A sabedoria comum nos proporciona as máximas:

Cuidado com a calmaria antes da tempestade.

Espere o melhor, prepare-se para o pior.

O pior ainda está por vir.

As coisas pioram antes de melhorar.

O mundo poderia chamá-lo de pessimista. E daí? É bem melhor parecer um fracassado do que ser apanhado de imprevisto ou despreparado. É melhor meditar sobre o que poderia acontecer, sondar os pontos fracos dos seus planos, de modo que os fracassos inevitáveis possam ser corretamente percebidos, adequadamente tratados ou simplesmente suportados.

Então, a verdadeira razão de que não teremos nenhum problema pensando na falta de sorte é porque não tememos o que ela pressagia. Estamos preparados com antecipação para a adversidade – as outras pessoas é que não estão. Em outras palavras, este azar é, na verdade, uma chance de recuperar tempo. Somos como corredores que treinam nas montanhas ou em grandes altitudes para que possam derrotar os corredores que esperavam que a pista fosse plana.

Prever não torna as coisas mais fáceis num passe de mágica, é claro. Mas estamos preparados para que elas sejam tão difíceis quanto precisam ser, tão difíceis quanto são na verdade.

Como resultado da nossa previsão, compreendemos a extensão de consequências potenciais e sabemos que não são todas boas (raramente são). Podemos nos adaptar a qualquer uma delas. Compreendemos que é possível tudo dar errado. E agora podemos voltar à nossa tarefa.

Você sabe que deseja realizar X, portanto investe tempo, dinheiro e relacionamentos para conseguir. A pior coisa que pode acontecer não é alguma coisa dar errado, mas alguma coisa dar errado e apanhar você de surpresa. Por quê? Porque o fracasso inesperado é desencorajante, e ser rechaçado dói.

Mas quem ensaiou mentalmente o que poderia sair errado não será apanhado de surpresa. A pessoa pronta para ser desapontada não o será. Ela terá força para suportar. Não terá tanta probabilidade de perder a coragem, de furtar-se à tarefa que tem pela frente ou de cometer um erro diante disso.

Você sabe o que é melhor do que construir coisas em sua imaginação? Construir coisas na vida real. Claro, é muito mais divertido construir coisas na imaginação do que derrubá-las. Mas, para que serve isso? Só o prepara para o desapontamento. Quimeras são como bandagens – doem só quando arrancadas.

Com previsão, temos tempo para erguer defesas ou até evitá-las totalmente. Estamos preparados para ser desviados de curso porque arquitetamos um caminho de volta. Podemos resistir a ser destroçados se as coisas não saírem conforme o planejado. Com previsão, podemos resistir.

Estamos preparados para o fracasso e prontos para o sucesso.

A arte da aquiescência

As Parcas guiam quem as aceita
e atrapalham quem a elas resiste.
– CLEANTES

Thomas Jefferson: nasceu quieto, contemplativo e reservado – supostamente com uma dificuldade na fala. Comparado com os grandes oradores de sua época – Patrick Henry, John Wesley, Edmund Burke – ele era terrível.

Seu coração batia pela política; ele tinha duas opções: lutar contra esta sentença ou aceitá-la.

Ele escolheu a última, canalizando sua energia para os escritos, o que os outros colocavam na oratória. Ali, ele encontrou seu meio de comunicação, descobriu que podia se expressar claramente. A escrita era a sua força. Jefferson foi aquele a quem os fundadores recorreram quando precisaram da Declaração da Independência. Ele escreveu um dos mais importantes documentos da história num só rascunho.

Jefferson simplesmente não era um orador – reconhecer isso e agir de acordo não o torna um homem menor.

O mesmo vale para Edison, que, embora a maioria das pessoas não tenha ideia, era quase totalmente surdo. Ou Helen Keller que era surda *e* cega. Para ambos, foi a privação desses sentidos – e sua aceitação em vez de ressentimento – que lhes permitiu desenvolver sentidos diferentes, mas agudamente fortes, para se ajustarem à realidade.

Nem sempre é sentido assim, mas limitações na vida são uma boa coisa. Especialmente se podemos aceitá-las e deixá-las nos guiar. Elas nos empurram para lugares e para desenvolver habilidades que, de outra forma, jamais teríamos buscado. Não preferiríamos ter tudo? Claro, mas isso não depende de nós.

"O verdadeiro gênio", como o famoso dr. Samuel Johnson certa vez disse, "é uma mente de amplos poderes acidentalmente determinada numa direção em particular."

Essa canalização requer consentimento. Requer aceitação. Temos que permitir que alguns acidentes aconteçam conosco.

Não posso desistir! Quero lutar!

Você sabe que não é o único a ter que aceitar coisas de que não gosta necessariamente, certo? Faz parte da condição humana.

Se alguém que conhecemos levasse para o lado pessoal os sinais de trânsito, nós o julgaríamos maluco.

No entanto, é exatamente isso o que a vida está fazendo conosco. Ela nos diz para parar aqui. Que algum cruzamento está bloqueado ou que uma estrada em particular mudou de rota por meio de um desvio inconveniente. Não podemos nos livrar do problema discutindo ou gritando. Simplesmente aceitamos.

Isso não quer dizer que permitimos que nos impeçam de chegarmos ao nosso destino final. Mas muda o modo como viajamos para chegar lá e a duração da viagem.

Quando um médico lhe dá ordens ou um diagnóstico – mesmo que seja o oposto do que você queria –, o que você faz? Você aceita. Você não tem que gostar ou curtir o tratamento, mas sabe que negá-lo só atrasa a cura.

Depois que você distinguiu entre as coisas que dependem de você e as que não dependem (*ta eph'hemin, ta ouk eph'hemin*), e que a ruptura se reduz a algo que você não controla... Você tem apenas uma escolha: a *aceitação.*

A tentativa não deu certo.

As ações despencaram.

O tempo destruiu a carga.

Diga comigo: *C'est la vie. Tudo bem.*

Você não precisa gostar de alguma coisa para dominá-la – ou usá-la com alguma vantagem. Quando a causa do nosso problema está fora de nós, é melhor aceitá-la e seguir em frente. Parar de chutar e lutar contra ela, e chegar a um acordo. Os estoicos têm um nome bonito para esta atitude. Eles a chamam de a Arte da Aquiescência.

Sejamos claros, isso não é o mesmo que desistir. Não tem nada a ver com ação – é para as coisas que são imunes à ação. É muito mais fácil falar de como as coisas *devem* ser. É preciso firmeza, humildade e vontade para aceitá-las pelo que realmente são. É preciso um homem ou mulher de verdade para enfrentar a *necessidade.*

Todos os eventos externos podem ser igualmente benéficos para nós porque podemos virá-los ao contrário e fazer uso deles. Eles podem nos ensinar uma lição que, de outra forma, relutamos em aprender.

Por exemplo, em 2006, uma antiga lesão no quadril finalmente começou a mostrar seus efeitos no treinador do

Lakers, Phil Jackson, e a cirurgia a que ele teve que se submeter limitou gravemente seu movimento na quadra. Relegado a uma cadeira especial no estilo capitão, perto dos jogadores, ele não podia andar de um lado para o outro na lateral da quadra nem interagir com o time da mesma maneira. Inicialmente, Jackson ficou preocupado, achando que isso afetaria seu trabalho. De fato, ficar sentado na lateral, acima do resto do banco, *aumentou* sua autoridade. Ele aprendeu a se afirmar sem jamais ser repressor como tinha sido no passado.

Mas, para conseguir estes benefícios inesperados, antes temos que aceitar os custos inesperados – mesmo que preferíssemos não tê-los em primeiro lugar.

Infelizmente, com frequência, somos gananciosos demais para isso. Instintivamente pensamos como gostaríamos que uma determinada situação fosse bem melhor. Começamos a pensar no que preferíamos ter. Raramente consideramos que as coisas poderiam ter sido muito piores.

E as coisas podem *sempre* ser piores. Sem querer falar demais, mas da próxima vez que você:

Perder dinheiro?
Lembre-se, poderia ter perdido um amigo.
Perder aquele emprego?
E se tivesse perdido uma perna ou um braço?
Perder sua casa?
Podia ter perdido *tudo.*

No entanto, nos contorcemos e nos queixamos do que nos foi tirado. Nós ainda não valorizamos o que temos.

O orgulho excessivo no núcleo desta ideia de que podemos mudar tudo é um tanto novo. Num mundo onde podemos transmitir documentos para o mundo inteiro em nanossegundos, conversar em vídeos de alta definição com qualquer pessoa em qualquer lugar, prever o tempo num minuto, fica muito fácil internalizar a suposição de que a natureza foi domesticada e se submete aos nossos caprichos. Claro que não foi.

As pessoas nem sempre pensaram assim. Os antigos (e os não tão antigos) usavam a palavra destino com muito mais frequência do que nós porque estavam mais familiarizados com os caprichos e acasos do mundo e mais expostos a eles. Eventos eram considerados a "vontade dos deuses". As Parcas eram forças que fiavam nossas vidas e destinos, com frequência sem muito consentimento.

As cartas costumavam ser assinadas "*Deo volente*" – Se Deus quiser. Porque quem sabia o que ia acontecer?

Pense em George Washington, colocando tudo o que tinha na Revolução Americana e depois dizendo: "O que vai acontecer está nas mãos de Deus." Ou Eisenhower, escrevendo para sua mulher na véspera da invasão aliada na Sicília: "Tudo aquilo em que pudemos pensar foi feito, as tropas estão preparadas, todos estão dando o melhor de si. A resposta está no colo dos deuses." Estes não eram sujeitos com tendência a se acomodarem ou a deixarem os detalhes para os outros resolverem – mas eles compreenderam que, no fim, o que aconteceu aconteceria. E eles partiriam dali.

É hora de sermos humildes e flexíveis o bastante para reconhecer o mesmo em nossas vidas. Que sempre tem alguém ou alguma coisa que poderia mudar os planos. E essa pessoa não somos nós. Como diz o ditado: "O homem põe, Deus dispõe".

O destino manda.
Que Deus não permita.
Que a natureza permita.
A Lei de Murphy.

Qualquer que seja a versão que você preferir, é tudo a mesma coisa. Não que muita coisa tenha mudado entre a época deles e a nossa – eles eram apenas mais cientes disso.

Veja: se quisermos usar a metáfora de que a vida é um jogo, isso significa jogar com os dados, as fichas ou as cartas onde eles caíram. Jogue com a bola onde ela estiver, diria um jogador de golfe.

O modo como a vida *está* lhe dá bastante com que jogar, bastante para deixar nela a sua marca. Aceitar pessoas e eventos como eles são já é material suficiente. Siga até onde os eventos o levarem, como água escorrendo montanha abaixo – ela sempre acaba chegando no fundo, não é?

Porque (a) você é robusto e resistente o bastante para lidar com o que acontecer, (b) você não pode fazer nada a respeito, de qualquer forma, e (c) você está olhando para um quadro amplo e uma linha do tempo longa o suficiente para que qualquer coisa que tiver que aceitar ainda seja apenas um piscar insignificante no caminho para sua meta.

Somos indiferentes, e isso não é fraqueza.

Como disse Francis Bacon, a natureza, para ser comandada, precisa ser obedecida.

Ame tudo o que acontecer: *amor fati*

Minha fórmula para grandeza num ser humano é *amor fati*: que não se queira que nada seja diferente, não no futuro, não no passado, não em toda a eternidade. Não suportar meramente o que é necessário, menos ainda ocultá-lo... mas amá-lo.

– NIETZSCHE

Aos 67 anos, Thomas Edison voltou para casa cedo, uma noite, depois de mais um dia no laboratório. Pouco depois do jantar, um homem entrou correndo em sua casa com notícias urgentes: tinha começado um incêndio no campus de pesquisa e produção de Edison a poucos quilômetros dali.

Carros de bombeiro de oito cidades vizinhas correram para o local, mas não podiam conter as chamas. Alimentadas pelas estranhas substâncias químicas nos vários prédios, chamas verdes e amarelas lançavam-se à altura de seis ou sete andares, ameaçando destruir todo o império que Edison havia passado a vida construindo.

Calma, porém rapidamente, Edison aproximou-se do incêndio, por entre centenas de observadores e funcionários arrasados, procurando o filho. "Vai buscar sua mãe e todos os amigos dela", falou ao filho com excitação infantil. "Eles nunca mais verão um incêndio como este."

O quê?!

"Não se preocupe", Edison o acalmou. "Está tudo bem. Só nos livramos de um bocado de lixo."

Foi uma reação espantosa. Mas, pensando bem, não havia realmente outra resposta.

O que Edison deveria ter feito? Chorar? Ficar zangado? Abandonar tudo e ir para casa?

De que, exatamente, teria servido isso?

Você sabe a resposta agora: de nada. Portanto, ele não perdeu tempo se lamentando. Para fazer grandes coisas, precisamos ser capazes de suportar tragédias e reveses. Temos que amar o que fazemos e tudo o que isso acarretar, bom ou mau. Temos que aprender a encontrar alegria em cada coisa que acontecer.

Claro, havia mais do que apenas um pouco de "lixo" nos prédios de Edison. Anos e anos de inestimáveis registros, protótipos e pesquisas viraram cinza. Os prédios, que haviam sido construídos com o que supostamente era concreto à prova de fogo, tinham sido segurados por apenas uma fração de seu valor. Pensando que estavam imunes a tais desastres, Edison e seus investidores estavam cobertos por apenas um terço dos danos.

Ainda assim, Edison não ficou inconsolável, não como poderia e provavelmente deveria ter ficado. Em vez disso, o incêndio o revigorou. Como contou a um repórter no dia seguinte, ele não estava velho demais para começar de novo. "Já passei por muitas coisas como esta. É o que impede um homem de se sentir entediado."

Em cerca de três semanas, a fábrica estava parcialmente de pé e funcionando. Em um mês, seus homens estavam trabalhando dois turnos por dia, produzindo novos produtos que o mundo jamais vira. Apesar da perda de quase 1 milhão de dólares (mais do que 23 milhões em dólares atuais), Edison reuniria energia suficiente para fazer quase 10 milhões de dólares em receita naquele ano (mais de 200 milhões de dólares hoje). Ele não só sofreu um tremendo desastre, mas se recuperou e reagiu espetacularmente.

O próximo passo depois de descartarmos nossas expectativas e *aceitarmos* o que nos acontece, depois de compreendermos que certas coisas – principalmente coisas ruins – fogem ao nosso controle, é este: amar o que nos acontecer e enfrentar isso com infalível alegria.

É o ato de transformar o que *devemos* fazer no que *conseguimos* fazer.

Colocamos nossas energias, emoções e esforços onde terão real impacto. Este é o lugar. Vamos dizer a nós mesmos: *Isso é o que eu tenho que fazer ou suportar? Bem, eu poderia também me sentir feliz com isso.*

Aqui está uma imagem a considerar: o grande boxeador Jack Johnson em sua famosa luta de 15 *rounds* com Jim Jeffries. Jeffries, o Great White Hope, retirado da aposentadoria como um Cincinato enlouquecido para derrotar o campeão negro em ascensão. E Johnson, verdadeiramente odiado pelo adversário e pela multidão, ainda curtindo cada minuto disso. Sorrindo, gracejando, brincando a luta inteira.

Por que não? Não há valor em nenhuma outra reação. Ele deveria odiá-los porque o odiavam? Amargura era o peso que eles carregavam, e Johnson recusava-se a embarcar nessa.

Não que ele simplesmente aceitasse as ofensas. Pelo contrário, Johnson projetou seu plano de luta em torno disso. A cada observação desagradável do canto de Jeffries, ele dava ao adversário outra surra. A cada golpe baixo ou investida de Jeffries, Johnson revidava – mas jamais perdia a calma. E quando um golpe bem colocado abriu um corte no lábio de Johnson, ele continuou sorrindo – um sangrento, mas, não obstante, alegre sorriso. A cada *round*, ele ficava mais feliz, mais cordial, conforme seu adversário ia ficando mais enraivecido e cansado, acabando por perder a vontade de lutar.

Em seus piores momentos, imagine Johnson: sempre calmo, sempre no controle, verdadeiramente adorando a oportunidade de provar seu valor, de desempenhar para as pessoas, quisessem que ele tivesse sucesso ou não. Cada observação provocando a resposta que merecia e nada mais – deixando o adversário cavar o próprio túmulo. Até a luta terminar com Jeffries no chão e todas as dúvidas a respeito de Johnson silenciadas.

Como Jack London, o famoso romancista, relatou dos assentos da primeira fileira:

> *Ninguém o compreende, este homem que sorri. Bem, a história da luta é a história de um sorriso. Se jamais um homem ganhou por nada mais fatigante do que um sorriso, Johnson venceu hoje.*

Esse homem é nós – ou melhor, *pode* ser nós, se nos esforçarmos para ser como ele. Pois estamos na nossa própria luta, com nossos próprios obstáculos, e podemos desgastá-los com nosso incansável sorriso (frustrando as pessoas ou os empecilhos que tentam *nos* frustrar). Podemos ser Edison, nossa fábrica em fogo, sem lamentar nosso destino, mas curtindo a cena espetacular. E depois iniciando o esforço de recuperação logo no dia seguinte – rugindo de volta rapidamente.

O seu obstáculo talvez não seja tão grave ou violento. Mas não obstante é significativo e foge ao seu controle. Ele justifica apenas uma resposta: um sorriso.

Como os estoicos ordenavam a si mesmos: Alegria em todas as situações, especialmente as ruins. Quem sabe onde Edison e Johnson aprenderam este epíteto, mas é evidente que aprenderam.

Aprender a não espernear sobre questões que não estão sob o nosso controle é uma coisa. Indiferença e aceitação é certamente melhor do que desapontamento ou raiva. Muito poucos compreendem ou praticam essa arte. Mas é apenas um primeiro passo. Melhor do que tudo isso é amor por *tudo* o que nos acontece, por cada situação.

A meta é:

Não: *Estou me sentindo bem com isso.*

Não: *Acho que me sinto bem com isso.*

Mas: *Estou me sentindo ótimo com isso.*

Porque se aconteceu, então era para acontecer, e eu estou feliz que tenha sido quando foi. Estou destinado a fazer o melhor disso.

E prossiga fazendo exatamente isso.

Não escolhemos o que nos acontece, mas sempre podemos escolher como nos sentimos a respeito. E por que você *escolheria* sentir outra coisa senão bem? Podemos escolher apresentar um bom relato de nós mesmos. Se o evento deve ocorrer, *Amor fati* (amor ao destino) é a resposta.

Não perca um segundo relembrando suas expectativas. Olhe para a frente e enfrente com um elegante sorrisinho.

É importante olhar para Johnson e Edison porque eles não permaneceram passivos. Eles não deram simplesmente as costas e toleraram a adversidade. Aceitaram o que lhes aconteceu. Eles *gostaram* disso.

É um pouco artificial, eu sei, sentir gratidão por coisas que, em primeiro lugar, nunca desejamos que acontecessem. Mas, a esta altura, sabemos as oportunidades e benefícios ocultos nas adversidades. Sabemos que, ao superá-los, emergimos mais fortes, mais espertos, com maior poder de decisão. São poucas as razões para retardar estes sentimentos. Reconhecer mais tarde e de má vontade que o que aconteceu foi o melhor, quando poderíamos ter sentido isso de antemão já que era inevitável.

Você ama isso porque é tudo combustível. E você não apenas quer o combustível. Você precisa dele. Não pode ir a lugar algum sem ele. Ninguém ou nada pode. Portanto, você é grato por isso.

O que não quer dizer que o que é bom sempre pesa mais do que o que é ruim. Ou que é de graça e sem custos. Mas sempre tem alguma coisa boa – mesmo que de início apenas vagamente perceptível – contida no que é ruim.

E podemos encontrá-la e nos alegrar por causa disso.

Perseverança

Senhores, estou enrijecendo neste empreendimento.
Repito, estou *agora* enrijecendo, voltado
para este empreendimento.
– WINSTON CHURCHILL

Odisseu deixa Troia, depois de dez longos anos de guerra, com destino a Ítaca, para casa. Se ele soubesse o que tinha pela frente: mais dez anos de viagens. Que ele se aproximaria tanto das praias de sua terra natal, de sua rainha e de seu jovem filho, só para ser soprado de volta outra vez.

Que ele enfrentaria tempestades, tentações, um ciclope, redemoinhos e um monstro de seis cabeças. Ou que seria mantido prisioneiro por sete anos e sofreria a ira de Poseidon. E, é claro, que em Ítaca seus rivais estavam se agrupando, tentando tomar o seu reino e sua esposa.

Como ele conseguiu vencer tudo isso? Como o herói voltou para casa apesar de tudo?

Criatividade, é claro. E esperteza, liderança, disciplina e coragem.

Mas acima de tudo: perseverança.

Falamos de Ulysses S. Grant, do outro lado do rio, em frente a Vicksburg, buscando um jeito, qualquer jeito, de atravessar o rio e tomar a cidade. Isso é *persistência.* Isso era Odisseu em frente aos portões de Troia, tentando de tudo antes do sucesso do cavalo de Troia. Persistência. Tudo direcionado para um problema, até que ele se resolve.

Mas uma viagem de dez anos de sofrimentos e atribulações. De desapontamento e erros, sem se dar por vencido. De conferir o rumo todos os dias e tentar chegar um pouco mais perto de casa – onde você enfrentará outra multidão de problemas quando chegar. Coração firme e pronto para suportar qualquer punição que os deuses decidirem que você deve passar e fazer isso com coragem e tenacidade a fim de voltar a Ítaca. Isso é mais do que persistência, é *perseverança.*

Se persistência é tentar solucionar um problema difícil com obstinada determinação e martelando até chegar a uma solução, então pode-se dizer que muita gente é persistente. Mas perseverança é algo mais amplo. É o longo jogo. Não se trata do que acontece apenas no primeiro *round*, mas no segundo e todos os outros que se seguem – a luta depois dessa e a luta seguinte, até o final.

Os alemães têm uma palavra para isso: *Sitzfleisch.* Poder permanente. Vencer grudando o traseiro na cadeira e não ir embora até terminar.

A vida não é um obstáculo só, mas *muitos.* O que é exigido de nós não é um foco míope sobre uma única faceta de um problema, mas simplesmente a determinação de que *vamos* chegar aonde precisamos ir, de algum modo, de algum jeito, e nada vai nos impedir.

Vamos superar todos os obstáculos – e haverá muitos na vida – até chegarmos lá. Persistência é uma ação. Perseverança é uma questão de vontade. Uma é energia. A outra, *resistência.*

E, é claro, elas trabalham em conjunto uma com a outra. Essa frase de Tennyson completa:

Tornado fraco pelo tempo e pelo destino, mas forte na vontade
Para se esforçar, buscar, encontrar e não ceder.

Persista e persevere.

Durante toda a história humana, tem havido muitas estratégias para superar os aparentemente infindáveis problemas que nos afetam como indivíduos e como grupo. Às vezes, a solução era a tecnologia; às vezes, a violência; às vezes, um novo modo de pensar radical que mudava tudo.

Examinamos diversos desses exemplos. Mas aplicando-se a todos, uma estratégia tem sido mais eficaz do que todas as demais, e é responsável por muito mais do que qualquer outra coisa. Ela funciona em boas e más situações, as perigosas e as aparentemente irremediáveis.

Quando Antonio Pigafetta, o assistente de Magalhães em sua viagem ao redor o mundo, refletiu sobre a maior e mais admirável habilidade de seu chefe, o que você acha que ele disse? Não tinha nada a ver com navegação. O segredo do seu sucesso, Pigafetta disse, era a capacidade de Magalhães de suportar a fome melhor do que os outros homens.

Há mais fracassos no mundo devido a um colapso da vontade do que jamais haverá devido a eventos externos objetivamente conclusivos.

Perseverança. Força de propósito. Vontade indômita. Esses traços fizeram um dia parte unicamente do DNA americano. Mas eles vêm enfraquecendo há algum tempo. Como Emerson escreveu em 1841:

> *Se nossos rapazes malogram em seus primeiros empreendimentos, eles desanimam. Se o jovem mercador fracassa, os homens dizem que ele está arruinado. Se o melhor talento estuda em uma de nossas faculdades, e, um ano mais tarde, não está instalado num escritório nas cidades ou subúrbios de Boston ou Nova York, parece aos seus amigos e a si mesmo que ele está certo em se sentir desanimado e em se queixar pelo resto da vida.*

Pense no que ele diria a nosso respeito agora. O que ele diria a seu respeito?

A maioria da minha geração decide voltar a morar com os pais depois da faculdade. O desemprego, para eles, é o dobro da média nacional. Segundo um estudo feito em 2011 pela Universidade de Michigan, muitos graduados não estão nem se preocupando em aprender a dirigir. *A rua está bloqueada,* eles dizem, *então para que tirar carteira se não vou poder usar?*

Gememos, nos lamentamos e nos lastimamos quando as coisas não vão do jeito que queremos. Ficamos arrasados quando o que nos *prometeram* é negado – como se isso não fosse permitido acontecer. Em vez de fazer muito a esse respeito, ficamos sentados em casa jogando videogames, viajamos ou, pior, pagamos por mais estudos, aumentamos as dívidas de empréstimos que jamais serão perdoadas. E aí nos perguntamos por que as coisas não melhoram.

Ficaríamos muito melhor seguindo o exemplo contrário de Emerson. Alguém que está querendo tentar não uma coisa, mas que "tenta todas as profissões, que forma equipes, subcontrata o trabalho de outros, tem uma escola, prega, edita um jornal, vai para o Congresso, compra um terreno, e daí por diante, em anos sucessivos, e sempre, como um gato, cai de pé".

Isso é perseverança. E, com ela, disse Emerson, "com o exercício da autoconfiança, novos poderes aparecerão". O bom na verdadeira perseverança é que ela não pode ser interrompida por nada a não ser a morte. Citando Beethoven: "Não se erguem barreiras que possam dizer a talentos aspirantes e a indústria: até aqui e nada mais."

Podemos dar a volta, passar por baixo ou voltar atrás. Podemos decidir que impulso e derrota não sejam mutuamente excludentes – podemos continuar seguindo, avançando, mesmo que tenhamos sido interrompidos numa direção em particular.

Nossas ações podem ser contidas, mas não a nossa vontade. Nossos planos – até nossos corpos – podem ser quebrados. Mas e a crença em nós mesmos? Não importa quantas vezes somos jogados de volta, só nós temos o poder de decidir ir mais uma vez. Ou tentar outro caminho. Ou, no mínimo, aceitar esta realidade e decidir sobre uma nova meta.

A determinação, se você pensar nisso, é invencível. Nada além da morte pode nos impedir de seguir o velho acrônimo de Churchill: KBO. Keep Buggering On. ("Fiquem em cima deles.")

Desespero? Depende de você. Ninguém mais é culpado quando você joga a toalha.

Não controlamos as barreiras nem as pessoas que as colocam ali. Mas controlamos a nós mesmos – e isso é suficiente.

A verdadeira ameaça à determinação, portanto, não é o que nos acontece, mas nós mesmos. Por que você seria o seu pior inimigo?

Persista e segure-se firme.

Algo maior do que você mesmo

A tarefa de um homem é, até onde ele for capaz,
fazer do mundo um lugar melhor para se viver – sempre
lembrando que os resultados serão infinitesimais
– e cuidar da sua própria alma.

– LEROY PERCY

Um piloto de avião de combate dos Estados Unidos, chamado James Stockdale, foi derrubado no Vietnã do Norte em 1965. Enquanto flutuava de volta para a terra, depois de se ejetar do avião, ele passou esses poucos minutos pensando no que o aguardava lá embaixo. Prisão? Certamente. Tortura? Provavelmente. Morte? Possivelmente. Quem sabia quanto tempo isso tudo ia levar ou se ele jamais veria sua família e seu lar de novo?

Mas assim que atingiu o solo, Stockdale parou de pensar nisso. Ele não ousaria pensar em *si mesmo*. Ele tinha uma missão.

Durante a Guerra da Coreia, uma década antes, a autopreservação individual mostrou seu lado feio. Os terríveis e congelados campos de prisioneiros daquela guerra haviam transformado muito cada soldado americano por si mesmo. Morrendo de medo, o instinto de sobrevivência dos prisioneiros de guerra americanos ficava tão agitado que eles acabavam brigando e até matando uns aos outros simplesmente para se manterem vivos, em vez de lutarem contra quem os havia capturado a fim de sobreviver ou escapar.

Stockdale (depois, comandante), consciente de que seria o prisioneiro de guerra da Marinha americana de mais alto nível que os norte-vietnamitas jamais haviam capturado, sabia que não poderia fazer nada sobre seu destino. Mas, como um oficial comandante, poderia proporcionar liderança e direção para seus companheiros prisioneiros (entre eles o futuro senador John McCain). Ele podia mudar *essa* situação e não deixar a história se repetir – esta seria sua causa, ele ajudaria seus homens e os lideraria. Foi exatamente o que ele fez por mais de sete anos, dois dos quais ele passou na solitária, usando algemas de ferro nas pernas.

Stockdale não levou na brincadeira sua obrigação como comandante. Ele chegou a ponto de tentar o suicídio, não para acabar com seu sofrimento, mas para enviar uma mensagem aos guardas. Outros soldados no esforço de guerra haviam dado suas vidas. Ele não os desgraçaria ou a seu sacrifício, permitindo a si mesmo ser usado como um instrumento contra sua causa em comum. Ele preferiria se prejudicar a contribuir – mesmo contra a sua vontade – para o sofrimento ou ruína gradual dos outros. Ele se provou terrível diante de qualquer dano físico com o qual seus captores o ameaçassem.

Mas ele era humano. E compreendeu que seus homens também eram. A primeira coisa que fez foi abandonar qualquer noção idealista sobre o que acontece com um soldado quando solicitado a ceder informações sob horas de tortura. Portanto, ele montou uma rede de apoio dentro do campo, especificamente para ajudar soldados que se envergonhavam por haverem cedido sob pressão. *Estamos juntos nisso*, ele lhes disse. E lhes deu uma senha para se lembrarem: U.S. – Unidade sobre Si Mesmo.

Nas proximidades, em sua própria cela, John McCain respondia essencialmente da mesma maneira e foi capaz de suportar indescritível tormenta pelas mesmas razões. Na esperança de manchar o prestigioso legado militar da família McCain, os vietcongues repetidamente ofereciam a McCain a oportunidade de ser solto e voltar para casa. Ele não aceitava. Ele não minaria a causa, apesar de seu próprio interesse. Ele ficou e foi torturado – por opção.

Estes dois homens não eram fanáticos pela causa – eles certamente tinham suas próprias dúvidas sobre a guerra do Vietnã. Mas sua causa eram os seus homens. Eles se preocupavam com os companheiros prisioneiros e extraíam uma extraordinária força ao colocar o seu bem-estar depois do deles.

Felizmente, você não vai se encontrar num campo de prisioneiros de guerra tão cedo. Mas estamos nos nossos próprios tempos de grandes dificuldades econômicas – que, às vezes, podem parecer de fato totalmente desesperadores.

Você é jovem, não provocou isso, não é culpa sua. Todos nós sofremos. O que só torna mais fácil perdermos nossa noção de identidade, para não falar de nossa noção dos outros. Pensarmos – mesmo que apenas na privacidade – *Não me preocupo com eles, tenho que pegar o que é meu, antes que seja tarde.*

Especialmente quando os líderes de sua suposta comunidade deixam claro que é isso exatamente o que eles pensam a seu respeito na hora do aperto. Mas não, ignore. É neste momento que devemos mostrar a verdadeira força de vontade dentro de nós.

Poucos anos atrás, em meio a uma crise financeira, o artista e músico Henry Rollins conseguiu expressar esta obrigação profundamente humana melhor do que milênios de doutrinas religiosas jamais fizeram:

> *As pessoas estão ficando um pouco desesperadas e podem não mostrar seus melhores elementos para você. Você não deve jamais se rebaixar a ser uma pessoa de quem você não goste. Não há melhor época do que agora para ter força de caráter moral e cívico. Ter um verdadeiro norte moral e cívico. Esta é uma tremenda oportunidade para você, uma pessoa jovem, ser heroico.*

Não que você precise se martirizar. Veja, quando focalizamos nos outros, para ajudá-los ou simplesmente lhes dar um bom exemplo, nossos próprios temores e problemas pessoais diminuem. Não sendo mais o medo nem o pesar nossas principais preocupações, não temos tempo para isso. Compartilhar propósitos nos fortalece.

O desejo de abandonar ou transigir em questões de princípios de repente parece bastante egoísta, se considerarmos as pessoas que seriam afetadas por essa decisão. Quando se trata de obstáculos e as possíveis reações que eles provoquem – tédio, ódio, frustração ou confusão –, só porque você se sente assim, não significa que todos se sintam.

Às vezes, quando estamos pessoalmente entalados com problemas intratáveis ou impossíveis, uma das melhores maneiras de criar oportunidades ou novos caminhos para agir é pensar: *Posso solucionar isto sozinho, como posso ao menos tornar isso melhor para outras pessoas?* Aceite naturalmente, por um segundo, que não há nada nisso para nós, nada que possamos fazer para nós mesmos. Como podemos usar esta situação para beneficiar os *outros*? Como podemos tirar disso algo de bom? *Se não para mim, então para minha família, para as pessoas que eu esteja liderando ou aqueles que possam mais tarde se encontrar numa situação semelhante.*

O que não ajuda ninguém é fazer disso algo que diga respeito somente a você, o tempo todo. *Por que isso aconteceu comigo? O que vou fazer a respeito?*

Você vai ficar surpreso ao perceber quanta desesperança desaparece quando chegamos a essa conclusão. Porque agora temos alguma coisa *para fazer*. Como Stockdale, agora temos uma missão. À luz da ofuscante futilidade, temos ordens de marchar e coisas que precisamos fazer.

Pare de dificultar as coisas para você pensando em Eu, Eu, Eu. Pare de colocar esse perigoso "Eu" diante dos acontecimentos. *Eu* fiz isso. *Eu* fui tão esperto. *Eu* tive isso. *Eu* mereço mais do que isso. Não admira que você leve as perdas para o lado pessoal, não admira que você se sinta tão sozinho. Você inflacionou seu próprio papel e importância.

Comece a pensar: *Unidade sobre Si Mesmo. Estamos juntos nisso.*

Mesmo que não possamos suportar a carga o tempo todo, vamos ter nossa oportunidade de pegar a extremidade pesada. Vamos ajudar os outros. Ajudar a nós mesmos, ajudando-os. Extraindo propósito, tornando-nos melhores por causa disso.

Seja o que for o que você estiver passando, o que o estiver segurando ou atrapalhando o seu caminho pode ser transformado em fonte de força – quando você pensa nas outras pessoas, e não em si mesmo. Você não tem tempo para pensar em seu próprio sofrimento porque existem outras pessoas sofrendo e você está focalizado nelas.

O orgulho pode ser subjugado. A resistência tem seus limites. Mas o desejo de ajudar? Nenhuma severidade, nenhuma privação, nenhum esforço deveriam interferir em sua empatia pelos outros. Compaixão é sempre uma opção. Camaradagem também. Essa é a força de vontade que nunca pode ser tirada de você, apenas abandonada.

Pare de fingir que aquilo pelo qual está passando é de alguma forma especial ou injusto. Seja lá qual for o seu problema – não importa a sua dificuldade –, não se trata de um infortúnio único, escolhido especialmente para você. É apenas o que é.

Este tipo de miopia é o que nos convence, em nosso próprio detrimento, de que somos o centro do universo. Quando realmente existe um mundo além da nossa própria experiência pessoal, repleto de pessoas que passaram por coisas piores. Não somos especiais ou únicos simplesmente pela virtude de existirmos. Somos todos, em vários momentos de nossas vidas, sujeitos a acontecimentos aleatórios e às vezes incompreensíveis.

Lembrarmo-nos disto é outra maneira de sermos um pouquinho mais altruístas.

Você pode se lembrar que dez anos antes, um século antes, um milênio antes, alguém exatamente como você ficou aqui mesmo onde você está e sentiu coisas muito semelhantes, lutando com os mesmos pensamentos. Eles não tinham ideia de que você existiria, mas você sabe que eles existiram. E, daqui a um século, alguém estará na sua mesma posição, mais uma vez.

Abrace este poder, esta sensação de ser parte de um todo maior. É um pensamento entusiasmante. Deixe que ele o envolva. Somos todos apenas humanos, fazendo o melhor possível. Estamos apenas tentando sobreviver e, no processo, avançando gradualmente no mundo.

Ajude seus companheiros humanos a prosperar e a sobreviver, contribua um pouco para o universo antes que ele o engula, e fique feliz com isso. Dê a mão aos outros. Seja forte para eles, e isso o fortalecerá.

Medite sobre a sua mortalidade

Quando um homem sabe que vai ser enforcado
dali a quinze dias, isso faz sua mente
se concentrar maravilhosamente.
– DR. JOHNSON

No final de 1569, um nobre francês chamado Michel de Montaigne foi dado como morto depois de ser arremessado de um cavalo a galope.

Enquanto seus amigos carregavam seu corpo mole e ensanguentado para casa, Montaigne observou sua vida fugir de seu eu físico, não traumática mas quase fragilmente, como um espírito dançante na "ponta de seus lábios". Só para retornar no último segundo possível.

Esta sublime e inusitada experiência marcou o momento em que Montaigne mudou sua vida. Em poucos anos, ele seria um dos mais famosos escritores da Europa. Depois do acidente, Montaigne passou a escrever volumes de ensaios populares, teve dois mandatos como prefeito, fez viagens internacionais como dignitário e atuou como confidente do rei.

É uma história velha como o tempo. O homem quase morre, faz o inventário e emerge da experiência uma pessoa totalmente diferente e melhor.

E assim foi para Montaigne. Chegar perto da morte o deixou com mais energia, o tornou curioso. A morte não era mais algo a temer – encará-la tinha sido um alívio, até uma inspiração.

A morte não torna a vida sem sentido, mas sim cheia de propósitos. E, felizmente, não precisamos chegar às portas da morte para interceptar esta energia.

Nos ensaios de Montaigne, vemos provas do fato de que se pode meditar sobre a morte – estar consciente da nossa própria mortalidade – sem ser mórbido ou deprimido. De fato, sua experiência lhe possibilitou um relacionamento inusitadamente divertido com a existência, uma sensação de clareza e euforia, que carregou com ele daí em diante. Isso é encorajador: significa que abraçar a precariedade da nossa própria existência pode ser estimulante e fortalecedor.

Nosso medo da morte é um obstáculo ameaçador em nossas vidas. Molda nossas decisões, nossa perspectiva e nossas ações.

Mas, para Montaigne, pelo resto de sua vida, ele se estenderia e meditaria sobre aquele momento, recriando o instante de quase morte o melhor possível. Ele estudava a morte, ele a discutia, aprendendo sobre o seu lugar em outras culturas. Por exemplo, Montaigne certa vez escreveu sobre um jogo que as pessoas faziam antigamente ao beber, revezando-se ao segurar a figura de um defunto dentro de um caixão e brindando a ele: "Beba e seja feliz, pois quando estiver morto vai se parecer com isto."

Como Shakespeare escreveu em *A tempestade,* não muitos anos mais tarde, enquanto ele mesmo estava ficando velho: "Cada terceiro pensamento será o meu túmulo."

Cada cultura tem seu próprio modo de ensinar a mesma lição: *Memento mori*, os romanos lembravam a si mesmos. Lembre-se de que você é mortal.

Parece estranho pensar que vamos nos esquecer disso ou que precisamos ser lembrados, mas obviamente precisamos.

Em parte, a razão para termos tanta dificuldade em aceitar a morte é porque nosso relacionamento com nossa própria existência é totalmente confuso. Podemos não dizer, mas lá no fundo agimos e nos comportamos como se fôssemos invencíveis. Como se fôssemos inacessíveis a essas experiências e atribulações de moralidade. *Essas coisas acontecem com* outras *pessoas, não* COMIGO. *Tenho muito tempo ainda.*

Esquecemos como é realmente leve o nosso controle sobre a vida.

De outro modo, não gastaríamos tanto tempo obcecados com trivialidades, tentando ser famosos, ganhando mais dinheiro do que poderíamos gastar em toda a nossa vida ou fazendo planos distantes no futuro. Tudo isso é negado pela morte. Todas essas suposições presumem que a morte não nos afetará ou, no mínimo, não quando não quisermos. Os caminhos da glória, escreveu Thomas Gray, não levam a não ser para o túmulo.

Não importa quem você seja ou quantas coisas deixou por fazer, em algum lugar tem alguém que mataria você por um milhão de dólares, por um pedacinho de crack, ou porque você está no meio do caminho. Um carro pode acertar você num cruzamento e amassar sua cara. Acabou. Estará tudo terminado. Hoje, amanhã, algum dia em breve.

É um clichê perguntar: *O que eu mudaria em minha vida se o médico me dissesse que tenho câncer?"* Depois da resposta, inevitavelmente nos confortaríamos com a mesma insidiosa mentira: *Bem, graças a Deus não tenho câncer.*

Mas temos. O diagnóstico é terminal para todos nós. Uma sentença de morte está decretada. A cada segundo, a probabilidade está devorando todas as chances de que estaremos vivos amanhã; alguma coisa está vindo e você jamais será capaz de interrompê-la. Esteja pronto para quando este dia chegar.

Lembre-se da oração da serenidade: Se algo está sob nosso controle, vale cada grama de nossos esforços e energia. A morte não é uma dessas coisas – não está sob nosso controle quanto tempo ainda viveremos ou o que virá e nos levará embora.

Mas pensar e estar consciente da nossa mortalidade cria real perspectiva e urgência. Não precisa ser deprimente. Porque é revigorante. Em vez de negar – ou, pior, temer – nossa mortalidade, podemos aceitá-la.

Lembrarmos todos os dias que morreremos nos ajuda a tratar nosso tempo como um presente. Alguém com prazo final não se satisfaz com tentativas no impossível, não perde tempo queixando-se sobre como gostaria que as coisas fossem.

Essas pessoas calculam o que precisam fazer e fazem, adaptando-se da melhor maneira possível antes que o tempo expire. Elas calculam, quando chegar a hora, como dizer: "*Claro, eu gostaria de ter vivido um pouco mais, mas fiz muito com o que já recebi, portanto, isso também funciona.*

Não há dúvida quanto a isso: A morte é o mais universal de nossos obstáculos. É aquele sobre o qual menos podemos fazer a respeito. Na melhor das hipóteses, podemos esperar retardar – e, mesmo assim, ainda vamos sucumbir no final.

Mas isso não quer dizer que não tenha valor para nós enquanto vivermos. À sombra da morte, priorizar era mais fácil. Como são a gentileza, a valorização e os princípios. Tudo cai em seu devido lugar e perspectiva. Por que você faria a coisa errada? Por que ter medo? Por que ficar deprimido e deprimir os outros? A vida vai acabar em breve; a morte nos avisa que é melhor viver corretamente.

Podemos nos ajustar e chegar a um acordo com a morte – este final e o mais humilde fato da vida – e encontrar alívio na compreensão de que não resta nada mais quase tão implacável.

E, assim, se mesmo nossa própria mortalidade pode ter algum benefício, como você ousa dizer que não pode extrair valor de todos os outros tipos de obstáculo que encontrar?

Prepare-se para começar de novo

Viva de suas bênçãos, seu destino foi ganho.
Mas o nosso nos chama de uma provação a outra.
– VIRGÍLIO

A grande lei da natureza é que ela não para nunca. Não tem fim. Assim que você acha que contornou um obstáculo, surge outro.

Mas isso é o que mantém a vida interessante. E, como você está começando a ver, é isso que cria oportunidades.

A vida é um processo de superação desses impedimentos – uma série de linhas fortificadas que devemos transpor.

A cada vez, você aprende alguma coisa. A cada vez, você desenvolve força, sabedoria e perspectiva. A cada vez, um pouco de competição desaparece. Até que só resta você: a sua melhor versão.

Como diz o provérbio haitiano: atrás das montanhas, há mais montanhas.

Eliseu é um mito. Não se supera um obstáculo para entrar na terra sem obstáculos.

Pelo contrário, quanto mais você realiza, mais coisas ficam no seu caminho. Há sempre mais obstáculos, desafios maiores. Você está sempre lutando montanha acima. Acostume-se e treine de acordo.

Saber que a via é uma maratona e não uma corrida de velocidade é importante. Conserve sua energia. Compreenda que cada batalha é apenas uma de muitas e que você pode usá-la para tornar a próxima mais fácil. Mais importante, você deve mantê-las todas em perspectiva *real*.

Passar por um obstáculo diz simplesmente que você merece mais. O mundo parece continuar lançando-os para você assim que sabe que você é capaz de suportá-los. O que é bom, porque você melhora a cada tentativa.

Jamais aturdido. Jamais frenético. Sempre ativo e agindo com criatividade. Jamais nada além de deliberado. Jamais tentando fazer o impossível – mas tudo o mais que for possível.

Simplesmente virando os obstáculos que a vida coloca na sua frente, melhorando apesar deles, *por causa* deles.

E, portanto, não mais temeroso. Mas excitado, animado e ansiosamente prevendo o próximo *round*.

Pensamentos finais

O obstáculo torna-se o caminho

No final de seu reinado, doente e possivelmente próximo da morte, Marco Aurélio recebeu notícias surpreendentes. Seu velho amigo e general de grande confiança, Avídio Cássio, havia se rebelado na Síria. Tendo escutado que o imperador estava vulnerável e talvez morto, o ambicioso general havia decidido se declarar César e tomar o trono à força.

Marco Aurélio deveria ter se zangado. A história o teria perdoado por querer se vingar do inimigo. Esmagar o homem que o havia traído, que ameaçava sua vida, sua família e seu legado. Em vez disso, Marco não fez nada – chegando a manter a notícia em segredo de suas tropas, que poderiam ter se enraivecido ou se sentido provocadas em seu nome – mas esperou para ver se Cássio recuperaria o juízo.

O homem não recuperou. E assim Marco Aurélio convocou um conselho de seus soldados e fez um anúncio bastante extraordinário. Eles marchariam contra Cássio e obteriam o "grande prêmio de guerra e vitória". Mas, é claro, como era Marco, este prêmio de guerra era algo totalmente diferente.

Eles capturariam Cássio e se esforçariam para não matá-lo, mas "... perdoar o homem que traiu, a permanecer amigo do que transgrediu a amizade, a continuar fiel àquele que foi infiel".

Marco Aurélio havia controlado suas percepções. Não estava zangado, não desprezou seu inimigo. Não falaria mal dele. Não levaria para o lado pessoal. Então, ele agiu – corretamente e com firmeza –, ordenando que as tropas seguissem para Roma a fim de acalmar as multidões em pânico e depois partindo para fazer o que precisava ser feito: proteger o império, abafar uma ameaça.

Como disse a seus homens, se havia algum lucro que eles podiam tirar desta terrível situação que não desejavam, seria "colocar em ordem a questão e mostrar a toda a humanidade que existe uma maneira correta de lidar até com guerras civis."

O obstáculo torna-se o caminho.

É claro, como acontece com muita frequência, até os planos mais bem-intencionados podem ser interrompidos por outras pessoas. Tanto para Cássio quanto para Marco Aurélio, o destino mudou quando um assassino solitário atacou Cássio no Egito, três meses depois. Seu sonho de império terminou ali mesmo. A esperança inicial de Marco de ser capaz de perdoar pessoalmente seu traidor também terminou.

Mas isso criou uma oportunidade melhor – a oportunidade de praticar o perdão numa escala significativamente maior. Os estoicos gostavam de usar a metáfora do fogo. Escrevendo em seu diário, Marco Aurélio certa vez lembrou-se de que "quando o fogo é forte, ele logo se apropria da matéria empilhada, a consome e se ergue mais alto por meio desta própria matéria".

A morte inesperada de seu rival, o homem a quem Marco Aurélio havia sido privado de conceder clemência, era esta metáfora personificada. Marco agora perdoaria essencialmente todos os envolvidos. Não levaria nada para o lado pessoal. Seria uma pessoa melhor, um líder melhor por isso.

Chegando às províncias, logo depois da morte de Cássio, Marco Aurélio recusou-se a condenar à morte qualquer um dos conspiradores. Recusou-se a processar qualquer um dos senadores e governadores que haviam endossado ou expressado apoio à insurreição. E, quando os outros senadores insistiram em sentenças de morte para seus pares associados à rebelião, ele lhes escreveu simplesmente: "Eu vos imploro, ao senado, que mantenham meu reino imaculado do sangue de qualquer senador. Que isso jamais ocorra."

O obstáculo torna-se o caminho, torna-se o caminho.

Para sempre.

Sim, é improvável que alguém faça uma corrida armada para tomar nosso trono em breve. Mas as pessoas farão observações mordazes. Vão nos interceptar no trânsito. Nossos rivais roubarão nossos negócios. Seremos feridos. Forças tentarão nos reter. Coisas ruins acontecerão.

Podemos transformar até isso em vantagem. Sempre.

É uma oportunidade. Sempre.

E se a nossa única opção – como no caso de Marco –, por causa da ganância ou ânsia de poder de alguém, é simplesmente ser uma boa pessoa e praticar o perdão? Bem, essa ainda é uma ótima opção.

Este, tenho certeza de que você notou, é o padrão em todas as histórias deste livro.

Algo fica no caminho de alguém. Ele olha firme, não se sente intimidado. Debruçando-se sobre o problema, fraqueza ou preocupação, ele dá tudo que tem, mental e fisicamente. Mesmo que nem sempre supere isso como pretendia ou esperava, cada indivíduo emerge melhor, mais forte.

O que estava no caminho tornou-se o caminho. O que impedia a ação de certa forma a ajudou.

É inspirador. É comovente. É uma arte que precisamos adotar em nossas vidas.

Nem todo mundo olha para os obstáculos – muitas vezes os mesmos que você e eu enfrentamos – e vê razão para desespero. De fato, veem o oposto. Veem um problema com uma solução pronta. Veem uma chance de se testar e melhorar.

Nada fica no caminho dessas pessoas. Pelo contrário, tudo as guia no caminho.

É muito melhor ser assim, não é? Existe uma leveza e uma flexibilidade nesta abordagem que parece bem diferente de como nós – e a maioria das pessoas – escolhemos viver. Com nossos desapontamentos, ressentimentos e frustrações.

Podemos ver as coisas "ruins" que acontecem em nossas vidas com gratidão e não com pesar, porque as transformamos de desastre em real benefício – de derrota em vitória.

O destino não precisa ser fatalista. Pode ser destino e liberdade com a mesma facilidade.

Não existe nenhuma escola especial que estes indivíduos tenham frequentado (além de, para muitos, uma familiaridade com a antiga sabedoria do estoicismo). Nada do que eles façam está fora do nosso alcance. Pelo contrário, eles revelaram algo que está dentro de cada pessoa. Testados no cadinho da adversidade e forjados na fornalha da provação, eles perceberam estes poderes latentes – os poderes da percepção, da ação e da vontade.

Com esta tríade, eles:

Primeiro, veem com clareza.
Depois, agem corretamente.
Finalmente, suportam e aceitam o mundo como ele é.

Perceber as coisas como elas são, não deixar de explorar nenhuma opção, depois se manter forte e transformar o que não pode ser mudado. E todos se alimentam um do outro: nossas ações nos dão a confiança para ignorar ou controlar nossas percepções. Provamos e sustentamos nossa vontade com nossas ações.

O filósofo e escritor Nassim Nicholas Taleb definiu um estoico como alguém que "transforma medo em prudência, dor em transformação, erros em iniciação e desejo em empreendimento". É um arco que se torna mais fácil com o tempo.

Com certeza, ninguém está lhe dizendo que você precisa fazer tudo isso ao mesmo tempo. Margaret Thatcher não ficou conhecida como Dama de Ferro antes dos 60 anos. Existe um ditado em latim: *Vires acquirit eundo* (Adquirimos força conforme seguimos). É assim que funciona. Esse é o nosso mote.

Ao dominar estas três disciplinas, temos as ferramentas para virar qualquer obstáculo de cabeça para baixo. Somos merecedores de todos os desafios.

Claro, não basta simplesmente ler ou dizer isso. Devemos praticar estas máximas, passando-as e repassando-as em nossas mentes e agindo de acordo com elas até se tornarem memória muscular.

De modo que sob pressão e experiência fiquemos melhores – nos tornemos pessoas, líderes e pensadores melhores. Porque essas provas e pressões inevitavelmente virão. E não vão jamais parar de vir.

Mas não se preocupe, você está preparado para isso agora, para esta vida de obstáculos e adversidade. Você sabe como lidar com eles, como afastar obstáculos e até se beneficiar com eles. Você compreende o processo.

Está escolado na arte de administrar suas percepções e impressões. Como Rockefeller, você se mantém calmo sob pressão, imune a insultos e abusos. Você vê oportunidade nos lugares mais sombrios.

É capaz de direcionar suas ações com energia e persistência. Como Demóstenes, você assume responsabilidade por si mesmo – aprender sozinho, compensando desvantagens e perseguindo sua justa vocação e lugar no mundo.

Você tem espinha de ferro e possui uma grande e poderosa vontade. Como Lincoln, você compreende que a vida é uma provação. Não será fácil, mas você está preparado para dar a ela tudo o que tem, e, apesar de tudo, está pronto para suportar, perseverar e inspirar os outros.

Os nomes de inúmeros outros praticantes nos escapam, mas eles lidaram com os mesmos problemas e obstáculos. Esta filosofia os ajudou a contorná-los com sucesso. Eles superaram tranquilamente o que a vida colocou a sua frente e, de fato, prosperaram por causa disso.

Eles não eram nada de especial, nada que não sejamos capazes de ser. O que eles fizeram foi simples (simples, fácil não). Mas vamos dizer mais uma vez, só para nos lembrarmos:

Ver as coisas pelo que elas são.
Fazer o que podemos.
Suportar o que devemos.

O que bloqueou o caminho agora é um caminho.
O que certa vez impediu a ação favorece a ação.
O Obstáculo é o Caminho.

Pós-escrito

Você agora é um filósofo. Parabéns.

> Ser um filósofo não é meramente ter pensamentos sutis, nem mesmo fundar uma escola... É solucionar alguns problemas da vida, não só na teoria mas na prática.
>
> – HENRY DAVID THOREAU

Você agora se une às fileiras de Marco Aurélio, Catão, Sêneca, Thomas Jefferson, James Stockdale, Epicteto, Theodore Jefferson, George Washington e muitos outros.

Todos estes homens explicitamente praticaram e estudaram o estoicismo – sabemos disso como fato. Eles não eram acadêmicos, mas homens de ação. Marco Aurélio era imperador do mais poderoso império da história mundial. Catão, exemplo moral para muitos filósofos, jamais escreveu uma palavra, mas defendeu a república romana com bravura estoica até sua desafiadora morte. Até Epicteto, o palestrante, não teve posses confortáveis – ele era um ex-escravo.

Dizem que Frederico, o Grande, cavalgava com obras dos estoicos nas bolsas da sela porque elas podiam, em suas palavras, "sustentá-lo no infortúnio". Montaigne, o político e ensaísta, tinha uma frase de Epicteto gravada em uma das vigas acima do estúdio onde passava a maior parte do tempo. George Washington foi apresentado ao estoicismo por seus vizinhos aos 17 anos e mais tarde, naquele sombrio inverno em Valley Forge, montou uma peça sobre Catão para inspirar seus homens.

Ao morrer, Thomas Jefferson tinha um exemplar de Sêneca sobre a mesinha de cabeceira. As teorias do economista Adam Smith sobre a interligação do mundo – o capitalismo – foram significativamente influenciadas pelo estoicismo, que estudou quando aluno de um professor que havia traduzido as obras de Marco Aurélio. Eugène Delacroix, o famoso artista romântico francês (mais conhecido pelo quadro A *Liberdade Guiando o Povo*), era um ardente estoico, referindo-se ao estoicismo como sua "religião consoladora". Toussaint Louverture, ele mesmo um ex-escravo que desafiou o imperador, leu e foi profundamente influenciado pelas obras de Epicteto. O pensador político John Stuart Mill escreveu sobre Marco Aurélio e o estoicismo em seu famoso tratado *Sobre a liberdade*, chamando-o de "o mais elevado produto ético da mente antiga".

O escritor Ambrose Bierce, veterano condecorado da Guerra Civil e contemporâneo de Mark Twain e de H. L. Mencken, costumava recomendar Sêneca, Marco Aurélio e Epicteto a aspirantes a escritores que lhe escreviam, dizendo que eles os ensinariam "como ser um hóspede digno da mesa dos deuses". Theodore Roosevelt, depois de seu mandato como presidente, passou oito meses explorando (e quase morrendo) as desconhecidas selvas da Amazônia, e, dos oito livros que levou na viagem, dois eram *Meditações*, de Marco Aurélio, e *Enchiridion*, de Epicteto.

Beatrice Webb, a reformadora social inglesa que inventou o conceito de acordo comercial coletivo, lembrou com carinho, em suas memórias, de *Meditações*, como um "manual de devoção". Os Percy, a famosa dinastia sulista de políticos, escritores e plantadores (LeRoy Percy, senador dos Estados Unidos; William Alexander Percy, *Lanterns on the Levee*, e Walter Percy, *The Moviegoer*), que salvaram milhares de vidas durante a enchente de 1927, eram conhecidos adeptos das obras dos estoicos, porque, como um deles escreveu, "quando tudo está perdido, eles não dão o braço a torcer".

Em 1908, o banqueiro, industrial e senador Robert Hale Ives Goddard doou uma estátua equestre de Marco Aurélio à Universidade Brown. Cerca de oitenta anos depois da doação de Goddard, o poeta soviético, dissidente e prisioneiro político Joseph Brodsky escreveu em seu famoso ensaio sobre a versão original dessa mesma estátua de Marco Aurélio, em Roma, que "se *Meditações* é antiguidade, nós é que somos as ruínas". Como Brodsky, James Stockdale cumpriu pena de prisão contra sua vontade – sete anos e meio num campo de prisioneiros vietcongue, para ser exato. E, quando desceu de paraquedas de seu avião, Stockdale disse a si mesmo: "Estou deixando o mundo da tecnologia e entrando no mundo de Epicteto."

Hoje, Bill Clinton relê Marco Aurélio todos os anos. Wen Jiabao, o ex-primeiro ministro da China, afirma que *Meditações* é um dos dois livros com os quais viaja e o tem lido mais de cem vezes no decorrer de sua vida. O autor de best-sellers e investidor Tim Ferris refere-se ao estoicismo como seu "sistema operacional" – e, na tradição dos que vieram antes dele, tem, com sucesso, levado sua adoção por todo o Vale do Silício.

Você pode não se ver como um "filósofo", mas, de novo, nem estes homens e mulheres se viram. Por qualquer definição que conte, entretanto, eles foram. E agora você também é. Você é uma pessoa de ação. E a linha do estoicismo corre através de sua vida assim como aconteceu na vida deles – assim como em toda a história, às vezes explicitamente, às vezes não.

A essência da filosofia é ação – fazer valer a habilidade de virar o obstáculo de cabeça para baixo com a mente. Compreender nossos problemas pelo que trazem no interior e seu contexto maior. Ver as coisas *filosoficamente* e *agir* de acordo.

Como tentei mostrar neste livro, inúmeras outras pessoas personificaram as melhores práticas do estoicismo e da filosofia sem nem saberem disso. Tais indivíduos não eram escritores nem palestrantes, eram pessoas de ação – como você.

Ao longo dos séculos, entretanto, este tipo de sabedoria nos tem sido tirada, cooptada e deliberadamente obscurecida por acadêmicos egoístas, protegidos. Eles nos privaram do verdadeiro uso da filosofia: como um sistema operacional para as dificuldades e sofrimentos da vida.

Filosofia nunca foi o que acontecia nas salas de aula. Era um conjunto de lições do campo de batalha da vida.

A tradução do latim para o título *Enchiridion* – a famosa obra de Epicteto – significa "à mão" ou, como alguns dizem, "em suas mãos". A filosofia é para isso: estar em suas mãos, ser uma extensão de você. Não algo que você lê uma vez e coloca na prateleira. É para, como Marco Aurélio certa vez escreveu, nos tornar pugilistas em vez de esgrimistas – para empunhar as nossas armas, só precisamos fechar os punhos.

Felizmente, de uma forma humilde, este livro traduziu essas lições e o armou com elas.

Agora, você é um filósofo e uma pessoa de ação. E isso não é uma contradição.

Agradecimentos

De todas as pessoas, foi o dr. Drew Pinsky quem me apresentou ao estoicismo. Eu estava na faculdade e fui convidado para uma pequena reunião privada de jornalistas universitários que o dr. Drew, na época anfitrião de *Loveline*, estava oferecendo. Quando terminou, ele estava de pé num canto e eu cautelosamente me aproximei, nervoso, para lhe perguntar se tinha um livro para recomendar. Ele disse que estivera estudando um filósofo chamado Epicteto e que eu devia dar uma conferida.

Voltei para o meu quarto no hotel e encomendei o livro na Amazon junto com outro, *Meditações,* de Marco Aurélio. O de Marco Aurélio, traduzido por Gregory Hays, chegou primeiro. Minha vida nunca mais foi a mesma.

Quero agradecer a Samantha, minha namorada, a quem amo mais do que qualquer outra pessoa. Estávamos namorando havia apenas poucas semanas, mas eu soube que ela era especial quando saiu e comprou o livro *Meditações,* o livro pelo qual eu vinha delirando. Ela merece um crédito extra pelo menos por suportar meus muitos momentos de privacidade e reconhecidamente nada estoicos ao longo dos anos. Obrigado por me acompanhar nas muitas caminhadas em que eu pensava em voz alta. Quero agradecer a minha cadela, Hanno – não que ela esteja lendo isso –, porque ela é uma lembrança constante de como viver no presente e da pura e sincera alegria.

O livro que você acabou de ler não teria sido possível sem Nils Parker, cuja editoração e longas conversas lhe deram forma. Ele não existiria sem Stephen Hanselman, meu agente que insistiu nele, e meu editor, Niki Papadopoulos, que acreditou e lutou pelo que foi um desvio radical do meu primeiro livro. Obrigado a Adrian Zackheim por me encorajar e proporcionar um lar para mim, como escritor, na Portfolio.

Preciso agradecer ao meu mestre, professor e mentor Robert Greene, que não só subsidiou minha leitura de muitos dos livros que usei como fontes, como me ensinou a arte de elaborar uma mensagem e um livro. Suas observações em meus rascunhos foram inestimáveis.

Obrigado a Aaron Ray e Tucker Max, que me mostraram que uma vida filosófica e uma vida de ação não são incompatíveis. Tucker, você foi quem me encorajou a ler (e quem me incentivou a ler Marco Aurélio depois de Epicteto. Acabei de encontrar alguns afetuosos e-mails em que eu lhe fazia depois um milhão de perguntas). Obrigado especialmente a Aaron, que me tirou da escola e me forçou a viver no mundo real. Obrigado a Tim Ferris por me encorajar a escrever sobre o estoicismo para o seu *site*, em 2009, e por nossa longa conversa em Amsterdã, que proporcionou grandes acréscimos ao livro.

Devo a Jimmy Soni e Rob Goodman por suas excelentes notas (e livro sobre Catão); Shawn Coyne por sua sugestão de uma estrutura em três partes; Brett McKay, de Art of

Manliness.com, pelas recomendações de livros; e Mathias Meister por seu discernimento e instrução em BJJ. Obrigado a Garland Robinette, Amy Holiday, Brent Underwood, Michael Tunney, por suas ideias e feedback. Grato a/r/stoicism em reddit, uma grande comunidade que respondeu às minhas perguntas e provocou muitas mais. Grato a New Stoa por suas contribuições ao estoicismo on-line ao longo dos anos.

Além das fontes, agradeço profundamente às muitas outras pessoas e escritores que me expuseram às histórias e pérolas de sabedoria neste livro – transferi boa parte disso para o meu livro de citações e fiquei tão deslumbrado com as lições que nem sempre registrei a atribuição. Vejo este livro como uma coleção dos pensamentos e ações de pessoas melhores e mais inteligentes do que eu. Espero que você o leia da mesma maneira e atribua o crédito devidamente merecido.

Devo agradecer ao National Arts Club, ao Los Angeles Athletic Club, à New York Public Library, às bibliotecas da Universidade da Califórnia e de Riverside, e a um bocado de diferentes Starbucks e aviões onde escrevi ou pesquisei para este livro.

Bibliografia

Alinsky, Saul. *Rules for Radicals.* Nova York: Vintage, 1989.

Aurelius, Marcus. *Meditations: A New Translation (Modern Library)* Trad. para o inglês de Gregory Hays. Nova York: Modern Library, 2002.

Bakewell, Sarah. *How to Live: Or a Live of Montaigne in One Question and Twenty Attempts at an Answer.* Nova York: Other Press, 2010.

Becker, Gavin de. *As virtudes do medo.* Trad. para o português de Talita Macedo Rodrigues. Rio de Janeiro: Editora Rocco, 1999.

Bell, Madison Smartt. *Toussaint Louverture: A Biography.* Nova York: Pantheon, 2007.

Bonforte, John. *The Philosophy of Epitectus.* Literary Licensing, LLC, 2011.

Brodsky, Joseph. *On Grief and Reason: Essays.* Nova York: Farrar, Straus and Giroux, 1995.

Carroll, Paul B., and Chunka Mui. *Billion Dollar Lessons: What You Can Learn from the Most Inexcusable Business Failures of the Last 25 Years.* Nova York: Portfolio Trade, 2009.

Chernov, Ron. *Titan: The Life of John D. Rockefeller, Sr.* Nova York: Random House, 1998.

Cicero, Marcus Tullius. *On the Good Life (Penguin Classics).* Trad. para o inglês de Michael Grant. Nova York: Penguin, 1971.

Cohen, Herb. *You Can Negociate Anything: The World's Best Negotiator Tells You How to Get What You Want.* Nova York: Bantam, 1982.

Cohen, Rich. *The Fish That Ate de Whale: The Life and Times of American's Banana King.* Nova York: Farrar, Straus and Giroux, 2012.

Critchley, Simon. *The Book of Dead Philosophers.* Nova York: Vintage, 2009.

Dio, Cassius. *The Roman History: The Reign of Augustus.* Nova York: Penguin, 1987.

Doyle, Charles Clay, Wolfgang Mieder, and Fred R. Shapiro. *The Dictionary of Modern Proverbs.* New Haven: Yale University Press, 2012.

Earhart, Amelia. *The Fun of It: Random Records of My Own Flying and of Women in Aviation*, reedição. Chicago: Academy Chicago Publishers, 2000.

Emerson, Ralph Waldo. *Nature and Selected Essays.* Nova York: Penguin, 2003.

Epictetus. *Discourses and Selected Essays (Penguin Classics).* Trad. para o inglês de Robert Dobbin. Nova York: Penguin, 2008.

Epicurus. *The Essential Epicurus (Great Books in Philosophy).* Trad. para o inglês de Eugene Oconnor. Buffalo: Prometheus Books, 1993.

Evans, Jules. *Philosophy for Life and Other Dangerous Situations: Ancient Philosophy for Modern Problems.* Novato, CA: New World Library, 2013.

Everitt, Anthony. *The Rise of Rome: The Making of the World's Greatest Empire.* Nova York: Random House, 2012.

Feynman, Richard P. *Classic Feynman: All the Adventures of a Curious Character.* Editado por Ralph Leighton. Nova York: W. W. Norton, 2005.

Frankl, Viktor E. *Man's Search for Meaning.* Nova York: Touchstone, 1984.

Fraser, David. *Knight's Cross: A Life of Field Marschal Erwin Rommel.* Nova York: Harper Perennial, 1994.

Fronto, Marcus Cornelius. *Marcus Cornelius Fronto: Correspondence, I.* Trad. para o inglês de C. R. Haines. Cambridge: Harvard University Press, 1919.

Goodman, Rob, and Jimmy Soni. *Rome's Last Citizen: The Life and Legacy of Cato, Mortal Enemy of Caesar.* Nova York: Thomas Dunne Books, 2012.

Graham-Dixon, Andrew. *Caravaggio: A Life Sacred and Profane.* Nova York: W. W. Norton, 2012.

Grant, Ulysses S. *Ulysses S. Grant: Memoirs and Selected Letters: Personal Memoirs of U.S. Grant/ Selected Letters, 1839-1865.* Nova York: Library of America, 1990.

Greenblatt, Stephen. *Will in the World: How Shakespeare Became Shakespeare.* Nova York: Norton, 2005.

Greene, Robert. *As 48 Leis do Poder.* Trad. para o português de Talita M. Rodrigues. Rio de Janeiro: Editora Rocco, 1999.

____. *33 Estratégias de Guerra.* Trad. para o português de Talita M. Rodrigues. Rio de Janeiro: Editora Rocco, 2008.

____. *Mastery.* Nova York: Viking Adult, 2012.

Greene, Robert, and 50 Cent, *The 50th Law.* Nova York: Harper, 209.

Greitens, Eric. *The Heart and the Fost: The Education of a Humanitarian, the Making of A Navy SEAL.* Nova York: Houghton Miflin Harcourt, 2011.

Hadot, Pierre. *The Inner Citadel: The Meditations of Marco Aurélio.* Trad. para o inglês por Michael Chase. Cambridge: Harvard University Press, 2001.

____. *Philosophy as a Way of Life: Spiritual Exercises from Socrates to Focault.* Trad. para o inglês de Arnold Davidson. Malden: Wiley-Blackwell, 1995.

____. *What Is Ancient Philosophy?* Trad. para o inglês de Michel Chase. Cambridge: Harvard University Press, 2004.

Haley, Alex. *The Autobiography of Malcolm X: As Told to Alex Haley.* Nova York: Ballantine Books, 1987.

Hart, B. H. Liddell. *Strategy.* Nova York: Penguin, 1991.

Heraclitus. *Fragments (Penguin Classics).* Trad. para o inglês de Brooks Haxton. Nova York: Penguin, 2003.

Hirsch, James S. *Hurricane: The Miraculous Journey of Rubin Carter.* Nova York: Houghton Mifflin Harcourt, 2000.

Isaacson, Walter. *Steve Jobs.* Nova York: Simon & Schuster, 2011.

John, Tommy, with Dan Valenti. *TJ: My 26 Years in Beisebol.* Nova York: Bantam, 1991.

Johnson, Jack. *My Life and Battles.* Editado e trad. por Chritopher Rivers. Washington, DC: Potomac Books, 2009.

Johnson, Paul. *Churchill.* Nova York: Viking, 2002.

____. *Napoleon: A Life.* Nova York: Viking, 2002.

Johnson, Samuel. *The Witticisms, Anedoctes, Jests and Sayings, of Dr. Samuel Johnson, During the Whole Course of His Life.* Farmingon Hills, MI: Gale ECCO Press, 2010.

Josephson, Matthew. *Edison: A Biography.* Nova York: Wiley, 1992.

Kershaw, Alex. *The Liberator: One World War II Soldier's 500-Day Odyssey from the Beaches of Sicily to the Gates of Dachau.* Nova York: Crown, 2012.

Lickerman, Alex. *The Undefeated Mind: On the Science of Constructing an Undestructible Self.* Deerfield Beach: HCI, 2012.

Lorimer, George Horace. *Old Gorgon Graham: More Letters from a Self-Made Merchant to His Son.* Nova York: Cosimo Classics, 2006.

Marden, Orison Sweet. *An Iron Will.* Radford, VA: Wilder Publication, 2007.

____. *How They Succeeded: Life Stories of Successful Men Told by Themselves.* Hong Kong: Forgotten Books, 2012.

McCain, John, and Mark Salter. *Faith of My Fathers: A Family Memoir.* Nova York: HarperCollins, 1999.

McPhee, John. *Levels of the Game.* Nova York: Farrar, Straus and Giroux, 1979.

____. *A Sense of Where You Are; Bill Bradley at Princeton.* Nova York: Farrar, Straus and Giroux, 1999.

Meacham, Jon. *Thomas Jefferson: The Art of Power.* Nova York: Random House, 2012.

Millard, Candice. *The River of Doubt: Theodore Roosevelt's Darkest Journey.* Nova York: Doubleday, 205.

____. *Destiny of the Republic: A Tale of Madness, Medicine and de Murder of a President.* Nova York: Doubleday, 2011.

Montaigne, Michel de. *The Essays: A Selection.* Trad. para o inglês de M. A. Screech. Nova York: Penguin, 1994.

Morris, Edmund. *The Rise of Theodore Roosevelt.* Nova York: Random House, 2010.

Musashi, Miyamoto. *The Book of Five Rings.* Trad. para o inglês de Thomas Cleary. Boston: Shambhala, 2005.

Oates, Whitney J. *The Stoic and Epicurean Philosophers: The Complete Extant Writings of Epicurus, Epictetus, Lucretius, Marco Aurélio.* Nova York: Random House, 1940.

Paul, Jim, and Brandon Moynihan. *What I Learned Losing a Million Dollars.* Nova York: Columbia University Press, 2013.

Percy, William Alexander. *Lanterns on the Levee: Recollections of a Planter's Son.* Baton Rouge: LSU Press, 2006.

Plutarch. *The Makers of Rome: Nine Lives (Penguin Classics).* Trad. para o inglês de Ian Scott-Kilvert. Nova York: Penguin, 2005.

____. *On Spart (Penguin Classics).* Trad. para o inglês e editado por Richard J. A. Albert. Nova York: Penguin, 2005.

____. *Essays.* Editado por Ian Kidd. Trad. Para o inglês de Robin H. Waterfield. Nova York: Penguin, 1993.

Pressfield, Stephen. *The War of Art: Winning the Inner Creative Battle.* Nova York: Rugged Land, 2002.

____. *Turning Pro: Tap Your Inner Power and Create Your Life's Work.* Nova York: Black Irish Entertainment, 2012.

____. *The Warrior Ethos.* Nova York: Black Irish Entertainment, 2011.

Ries, Eric. *The Lean Startup: How Today's Entrepreneurs Use Continuous Innovation to Create Radically Successful Businesses.* Nova York: Crown Business, 2011.

Roosevelt, Theodore. *Strenuous Epigrams of Theodore Roosevelt.* Nova York. HM Caldwell, 1904.

Sandlin, Lee. "Losing the War". *Chicago Reader.* March 6, 1997.

____. *Storm Kings: The Untold* History *of America's First Tornado Chasers.* Nova York: Pantheon, 2013.

Scott-Maxwell, Florida. *The Measure of My Days.* Nova York: Penguin, 1979.

Sellars, John. *Stoicism.* Berkeley: University of California Press. 2006.

Sêneca, Lúcio Aneu. *Stoic Philosophy of Seneca: Essays and Letters.* Trad. para o inglês de Moses Hadas. Nova York: W. W. Norton, 1968.

____. *Letters from a Stoic (Penguin Classics).* Trad. para o inglês de Robin Campbell. Nova York: Penguin, 1969.

____. *On the Shortness of Life.* Trad. para o inglês de C.D.N. Costa. Nova York: Penguin 205.

Shenk, Joshua Wolf. *Lincoln's Melancholy: How Depression Chalenged a President and Fueled His Greatness.* Nova York: Houghton Mifflin Harcourt, 2005.

Sherman, William Tecumseh. *Memoirs of General W. T. Sherman (Library of America).* Nova York: Library of America, 1990.

Shopenhauer, Arthur. *Essays and Aphorisms (Penguin Classics).* Trad. para o inglês de R. J. Hollingdale. Nova York: Penguin, 1973.

____. *The Wisdom of Life and Counsels and Maxims.* Trad. para o inglês de T. Bailey Saunders. Buffalo: Prometheus Books, 1995.

Simpson, Brooks D. *Ulysses S. Grant: Triunph Over Adversity, 1822-1865.* Nova York: Houghton Mifflin Harcourt, 2000.

Smiles, Samuel. *Self-Help.* Berkeley: University of California Libraries, 2005.

Smith, Jean Edward. *Eisenhower in War and Peace.* Nova York: Random House, 2012.

Stockdale, James B. *Courage Under Fire: Testing Epictetus's Doctrines in a Laboratory of Human Behaviour.* Stanford: Hoover Institution Press, 1993.

Taleb, Nassim Nicholas. *The Bed of Procrustes: Philosophical and Pratical Aphorisms.* New York: Random House, 2010.

____. *Antifragile: Things That Gain from Disorder.* Nova York: Random House, 2012.

Taliaferro, John. *All the Great Prizes: The Life of John Hay, from Lincoln to Roosevelt.* Nova York: Simon & Schuster, 2013.

Vasari, Giorgio. *The Lives of the Most Excellent Painters, Sculptors, and Architects (Modern Library Classics).* Editado por Philip Jack. Trad. para o inglês de Gaston du C. De Vere. Nova York: Modern Library, 2006.

Virgil, trad. de Robert Fagles. *The Aeneid.* Nova York: Penguin, 2010.

Washington, George. *Washington on Courage: George Washington's Formula for Courageous Living.* Nova York: Skyhorse Publishing, 2012.

Watson, Paul Barron. *Marcus Aurelius Antoninus.* Nova York: Harper & Brothers, 1884.

Wilder, Laura Ingalls. *Writings to Young Women from Laura Ingalls Wilder – Volume Two: On Life as a Pioneer Woman.* Editado por Stephen W. Hines. Nashville: Tommy Nelson, 2006.

Wolfe, Tom. *A Man in Full.* Nova York: Farrar, Straus and Giroux, 1998.

____. *The Right Stuff.* Nova York: Picador, 2008.

Xenophon. *Xenophon's Cyrus the Great: The Arts of Leadership and War.* Editado por Larry Hedrick. Nova York: Truman Talley Books, 2006.

Leituras estoicas

O estoicismo é talvez a única "filosofia" onde os textos originais, básicos, são, na verdade, mais claros e mais fáceis de ler do que qualquer coisa que os acadêmicos tenham escrito depois. O que é impressionante porque significa que você pode mergulhar no assunto indo direto à fonte. Acredito firmemente que *todos* sejam capazes de ler estes autores muito acessíveis. A seguir estão as minhas recomendações em traduções específicas e depois alguns textos adicionais que valem a pena ver.

Meditations by Marcus Aurelius (Modern Library). Existe *uma* tradução para o inglês de Marco Aurélio e é a interessante edição de Gregory Hays para a Modern Library. Todas as demais não alcançam seu objetivo. Sua versão é totalmente privada de pronomes antiquados, é bela e obsessiva. Recomendei este livro a literalmente milhares de pessoas até agora. Compre-o. Mude sua vida.

Letters of a Stoic by Seneca (ver também: *On the Shortness of Life*). Ambas as traduções para o inglês da Penguin são fantásticas. Sêneca ou Marco Aurélio são os melhores livros para começar, se você está procurando explorar o estoicismo. Sêneca parece ter sido um sujeito divertido de se conhecer – o que é incomum para um estoico. Sugiro começar com *On the Shortness of Life* (uma coleção de breves ensaios) e depois passar para o livro de cartas (que são realmente mais como ensaios do que correspondência real).

Discourses by Epictetus (Penguin). Pessoalmente, prefiro as traduções para o inglês da Penguin, mas tentei um punhado de outras e achei as diferenças relativamente insignificantes. Dos grandes três, Epicteto é o mais moralizante e menos divertido de se ler. Mas ele também, de tempos em tempos, expressará algo de forma tão clara e profunda que deixará você totalmente abalado.

As traduções para o inglês acima foram as que usei para este livro.

OUTROS LIVROS E AUTORES

Sei que vai parecer grosseiro, mas aconselho vigorosamente ficar longe da maioria dos outros livros *sobre* estoicismo (e eu os li), com uma exceção: as obras de Pierre Hadot. Enquanto todos os outros acadêmicos e divulgadores do estoicismo na maior parte não compreendem as coisas ou as complicam, Hadot as esclarece. Sua interpretação de Marco Aurélio no livro *The Inner Citadel* – de que Marco não estava escrevendo uma explicação sistemática do universo, mas criando um conjunto de exercícios práticos que o imperador estava, na verdade, praticando ele mesmo – foi um enorme salto adiante. Seu livro *Philosophy as a Way of Life* explica como a filosofia tem sido erroneamente interpretada como algo do qual as pessoas *falam,* em vez de algo que as pessoas *fazem.* Se você quer mesmo mergulhar na filosofia prática, Hadot é o cara para se ler. (Também suas traduções para o inglês de Sêneca, Marco Aurélio e Epicteto – que ele faz para si mesmo a partir dos originais em sua análise – são muito boas.)

Alguns outros grandes autores/filósofos para ler – em particular seus livros de máximas ou aforismos, que estão alinhados com muitos pensamentos estoicos:

Heráclito
Plutarco
Sócrates
Cícero
Montaigne
Arthur Schopenhauer

A Penguin Random House publicou este livro, mas, mesmo que não tivesse publicado, eu recomendaria começar com os Penguin Classics.

ARTIGOS ESTOICOS & FONTES ON-LINE

http://www.fourhourworkweek.com/blog/2009/04/13/stoicism-101-a-practical-guide-for-entrepreneurs/.

http://www.fourhourworkweek.com./blog/2002/10/09/stpicism-for-modern-stresses-5-lessos-from-cato/.

http://www.fourhourworkweek.com/blog/2011/05/18/philosophy-as-a-personal-operating-system-from-Seneca-to-musashi/.

http://www.newstoa.com/ (o registro estoico on-line).

http://www.reddit.com/r/Stoicism (junta sobre estoicismo na Reddit).

http://www.youtube.com/watch?v=nLD09Qa3kMk (uma interessante leitura sobre estoicismo).

http://philosophy-of-cbt.com/ (talvez o melhor blog sobre estoicismo que existe).

http://philosophyforlife.org/ (o blog do proeminente autor sobre estoicismo Jules Evans).

Leituras recomendadas

Este livro e suas histórias resultaram daqueles com o quais tive a sorte de esbarrar na vida. Cada mês, apresento o que leio num breve e-mail de recomendações de livros, que envio para a minha rede de amigos e conexões. A lista começou com cerca de quarenta pessoas e agora é recebida e lida por 10 mil integrantes do mundo inteiro. No todo, recomendei, discuti e conversei a respeito de mais de mil livros com estes camaradas leitores nos últimos cinco anos.

Se você gostaria de se unir a nós e receber estas recomendações, inscreva-se em Ryanholiday.net/Reading-Newsletter/.

Ou basta me enviar um e-mail para Ryan.holiday@gmail.com e me dizer que deseja receber o e-mail (coloque apenas Reading List no campo assunto).

Impressão e Acabamento:
EDITORA JPA LTDA.